WESTEND

Liebe Doris,
weil wir Gutscheine viel zu
langweilig und unpersönlich finden,
haben wir uns entschieden, ins Blaue
zu greifen und dir dieses Buch
zu schenken.
Wir haben es selbst noch nicht
gelesen, aber der Autor konnte
mich (Dino) in einem Interview
überzeugen und die Kritiken
sind auch sehr gut.
Wir hoffen, dein professionelles
und privates Interesse und
ein paar kritische Gedanken
anregen zu können.
Liebe Grüße und alles
gute zum Nicht-30sten
ELIISE & Dino

Ulrich Schneider ist Hauptgeschäftsführer des Paritätischen Wohlfahrtsverbandes in Berlin. Er ist Autor verschiedener Publikationen zu den Themen Armut in Deutschland, Verantwortung des Sozialstaates und soziale Gerechtigkeit. Im Westend Verlag erschien von ihm 2010 das Buch *Armes Deutschland*.

Ulrich Schneider

MEHR MENSCH!

Gegen die Ökonomisierung des Sozialen

WESTEND

Mehr über unsere Autoren und Bücher:
www.westendverlag.de

Die Deutsche Nationalbibliothek verzeichnet diese
Publikation in der Deutschen Nationalbibliografie;
detaillierte bibliografische Daten sind im Internet über
http://dnb.d-nb.de abrufbar.

2. Auflage 2014
ISBN 978-3-86489-079-6
© Westend Verlag GmbH, Frankfurt/Main 2014
Umschlaggestaltung: Buchgut, Berlin
Umschlagabbildung: Der Paritätische Gesamtverband
Satz: Publikations Atelier, Dreieich
Druck und Bindung: CPI – Clausen & Bosse, Leck
Printed in Germany

Inhalt

Für alle Gutmenschen, Bedenkenträger
und Sozialromantiker

Es ist nicht richtig, wenn ein imperialer Ökonomismus einen pflegebedürftigen Menschen in einen Minutentakt zerlegt: »große Wäsche«, »kleine Wäsche«, »Kämmen«, »Hilfe bei der Nahrungsaufnahme«, »Ausscheiden«. Marktlogik, Wettbewerb und Kosten-Nutzen-Vergleiche sind beim Autokauf oder im Supermarkt berechtigt, in der Sphäre sozialer Dienste verletzen sie die Würde von Kranken, Kindern und Arbeitsuchenden. Der Geschäftsführer des Paritätischen Wohlfahrtsverbands kennt den Wahn der Effizienz, der Indikatoren und Kennziffern von innen und außen, er nennt jene Experten und Denkfabriken beim Namen, die kreative Beziehungen in Geldrechnungen verzaubern. Und die in Krankenhäusern, Schulen und Pflegeheimen einen Keil zwischen smarte Geschäftsführer und die Berufsbilder der Belegschaften treiben. Wer sich in einer Sackgasse verrannt hat, muss umkehren und nicht darauf warten, bis die Häuserreihen in die Luft fliegen.

Friedhelm Hengsbach SJ

Der Sozialstaat befindet sich nicht nur in einer Finanzkrise, sondern vor allem in einer Kulturkrise. Mit dem »homo oeconomicus« ist kein Sozialstaat zu machen. Ulrich Schneider beschreibt den Vormarsch der Vorteilssuche und den Rückzug der Solidarität. Das Geld unterwandert alle Sozialbeziehungen und verwandelt sie in Geschäfte. Das Buch ist eine alarmierende Beschreibung der sozialpolitischen Entwicklung unseres Landes.

Norbert Blüm

Vorwort: Worum es (mir) geht

»With all those things we treat as eternal, that we assume will always be there – our mother's love, true friendship, sociality, humanity, belonging, the existence of the cosmos – no calculation is necessary, or even ultimately possible; insofar as there is give and take, they follow completely different principles.«[1]

David Graeber

Es sind zwei Anlässe, die sich glücklich fügten und mich zu diesem Buch bewegten. Der eine ist David Graebers Werk *Schulden – die ersten 5000 Jahre*, das mir vor einiger Zeit in die Hände fiel.[2] Das Buch des amerikanischen Professors und Mitbegründers der Occupy-Bewegung fesselte mich sofort und gab mir wie kaum ein anderes in den letzten Jahren das Gefühl, dass ich als Leser nicht nur neue Fakten erhalte, sondern wirklich neue Sichtweisen kennenlerne und Einsichten gewinne. In seinem Versuch, die Bedeutung von Schuld und Schulden für die Menschen heute und in ihrer Geschichte zu begreifen, setzt Graeber sich mit Freundschaft, mit Herrschaft, mit Gewalt, mit Sex, mit Glauben, mit Sitten und Gesetzen, mit Menschen und mit Märkten auseinander. Seine Erzählweise ist faszinierend, da er als Anthropologe niemals abstrakt wird. Auch wenn er von Ideen, Theorien und Formen des Zusammenlebens spricht, bleibt er immer ganz nahe bei den Menschen selbst, wie sie denken und leben. Es gibt keine Wirklichkeiten und Strukturen außer denen, die von Menschen tagtäglich neu geschaffen werden, so die wichtige Botschaft zwischen den Zeilen. Es gibt keine Gesetze außer denen, die immer wieder aufs Neue befolgt oder durchgesetzt werden. Es gibt nichts außer Leben.

Graeber formuliert eine radikale Kritik an kapitalistischen Märkten und bietet Alternativen an: Formen des Zusammenlebens und gemeinsamen Wirtschaftens, die der menschlichen Natur, so wie er sie sieht, gerecht werden können; ein Zusammenleben, das darauf verzichtet, alles und jedes in Äquivalenzen umzurechnen.

Es waren Gedanken Graebers zur Natur menschlicher Beziehungen, zu Charakteristika und zur Organisation marktwirtschaftlichen Austausches, bei denen es sich geradezu aufdrängt, sie weiterzudenken für das Feld sozialer Arbeit und sozialer Dienstleistungen – oder das Feld der Sozialwirtschaft, wie es heute heißt und wo ich als Hauptgeschäftsführer eines Wohlfahrtsverbandes beruflich zu Hause bin. Das Buch des Anarchisten Graeber macht Mut, vermeintlich Gegebenes und Alternativloses radikal in Frage zu stellen. Mich hat es dazu ermuntert, in diesem Licht die letzten Jahrzehnte im Sozialen – drei davon als Pädagoge, Sozialmanager und Lobbyist – Revue passieren zu lassen. Dabei ist dieses Buch entstanden.

Der andere Anlass war die Einladung, auf einem renommierten Kongress der Sozialwirtschaft, der jährlich in Nürnberg stattfindenden ConSocial, die Auftaktrede zu halten. Und zwar zu einem verlockenden Thema: »Zwischen Grundsatz und Umsatz«. Mit diesem Titel war für mich ein ebenso nachdenklich stimmendes wie ergiebiges Spannungsfeld skizziert, durchaus mit reichlich Potential zur selbstkritischen Reflexion. Immerhin standen die letztjährigen Konferenzen des Veranstalters an der Schnittstelle zwischen Profit- und Non-Profit-Sektor doch eher unter Überschriften wie »Märkte für Menschen«, »Wertschöpfung durch Wertschätzung« oder auch gleich »Mehrwert des Sozialen«. Die Einladung kam mir nach der Lektüre Graebers sehr recht. Gern sagte ich zu.

Von Schuberts Unvollendeter, kleiner Wäsche und Ökonomie

Spontan ruft ein Titel wie »Zwischen Grundsatz und Umsatz« im Sozialen das Bild eines schwer auszuhaltenden Spagats hervor: hier die Ethik, da der Mammon. Er regt an nachzudenken über ethische Grundsätze einerseits und ökonomische Zwänge andererseits. Er lädt auch zu Klagen ein über Kostenzwänge, die den hohen fachlichen und sozialen Ansprüchen die Luft abschnüren. Bei einem solchen Titel könnte man auch versucht sein, ethischen Verfehlungen in der Unternehmensführung nachzugehen, seien ihre Symbole nun Luxusdienstwagen vor Obdachlosenunterkünften, wie in Berlin geschehen und wochenlang als »Maserati-Affäre« in den Gazetten ausgeschlachtet (siehe das Kapitel »Kalter Zeitgeist und smarte Typen«), oder Luxusbadewannen, bronzene Fensterrahmen und Koibecken wie in der Limburger Bischofsresidenz, finanziert ausgerechnet aus einer Stiftung für bedürftige Familien.[3]

Jedem dieser Gedankenstränge zu folgen, wäre ein lohnenswertes Unterfangen. Doch ist es etwas anderes, was mich seit der Lektüre von Graebers Buch umtreibt. Ich möchte das mithilfe einer kleinen Glosse erzählen, auf die ich bereits vor Jahrzehnten in einer Sonntagszeitung stieß.

»Der Direktor eines Großunternehmens erhielt eines Tages eine Gratis-Eintrittskarte für ein Konzert von Schuberts ›Unvollendeter‹. Er konnte das Konzert selber leider nicht besuchen und schenkte deshalb die Karte seinem Prokuristen. Nach zwei Tagen erhielt der Unternehmer von diesem ein Memo mit folgendem Kommentar:

Sehr geehrter Herr Direktor,

noch einmal darf ich mich ganz herzlich für die Überlassung Ihrer Eintrittskarte bedanken. Gleichwohl möchte ich festhalten:

Während längerer Zeit waren vier Flötisten nicht beschäftigt. Die Zahl der Bläser sollte deshalb reduziert werden. Die Arbeit könnte stattdessen auf die übrigen Musiker verteilt werden, um eine gleichmäßigere Auslastung zu gewährleisten.

Alle zwölf Geiger spielten, ich konnte es von meinem Platz aus genau beobachten, identische Noten. Dies stellt eine ineffiziente Doppelspurigkeit dar. Die Zahl der Geigenspieler sollte deshalb ebenfalls drastisch gekürzt werden. Für intensivere Passagen könnte gegebenenfalls ein elektronischer Verstärker eingesetzt werden.

Es wurde zu viel Mühe zum Spielen von Halbtonschritten verwendet. Empfehlung: nur noch Ganztonschritte spielen! Dadurch könnten auch billigere Anlernkräfte und sogar Auszubildende eingesetzt werden.

Es macht überhaupt keinen Sinn, mit Hörnern die gleichen Passagen zu wiederholen, die kurz zuvor bereits mit Trompeten gespielt wurden.

Wenn in diesem Sinne alle überflüssigen Passagen entfernt würden, könnte das Konzert von zwei Stunden auf zwanzig Minuten gekürzt werden. Hätte Herr Schubert solche Empfehlungen frühzeitig bekommen und sie beherzigt, hätte er seine Sinfonie wahrscheinlich auch vollenden können.«

Wir empfinden diese Geschichte als heiter angesichts des großartigen Banausentums, dem wir in der Figur des Prokuristen begegnen. Der Vermerk erscheint uns absurd und skurril. Die Komik dieser Geschichte lebt von dem Aufeinandertreffen zweier Welten, die eigentlich überhaupt nichts miteinander zu tun haben, sie lebt von dem tiefen Miss- und Unverständnis, das der gesamten Situation zugrunde liegt.

Aber warum eigentlich nicht? Versuchen wir doch einmal, die Geschichte in all ihrer Absurdität weiterzuspinnen: Ein Symphonieorchester umfasst in voller Besetzung in Berlin beispielsweise 43 Geigen, 16 Bratschen, 13 Celli – und in diesen Größenordnungen spielt sich das Ganze bereits seit Mitte des 18. Jahrhunderts ab. Birgt der unstreitig an der Sache völlig vorbeigehende Vermerk unseres Prokuristen nicht zumindest insoweit einen wahren Kern, als man, wenn denn nötig, unter Kostengesichtspunkten durchaus auf fünf oder zehn Geigen verzichten könnte? Was sollte an einer vernünftigen Verkleinerung von Symphonieorchestern Komisches sein?

Und weiter: Ist es nicht so, dass bei unseren heutigen Hörgewohnheiten sehr gut aufgenommene und abgemischte CDs tatsächlich eine sogar noch bessere Klangqualität erreichen als ein live spielendes Orchester? (In der Schlagerbranche hat sich dieses Prinzip des Playback ja durchaus bewährt.) Muss man wirklich siebzig gut bezahlte, studierte Musiker im Orchestergraben sitzen haben? Und könnte man mit dem Playbackverfahren nicht in der Tat sogar auch jenen Menschen zu einer Beschäftigung verhelfen, die andernfalls niemals die Chance hätten, in einem Orchester zu spielen?

»Satirischer Unsinn«, wird jeder denken, der das liest. (Zumindest hoffe ich es.) Aber lassen Sie uns diesen Unsinn noch ein letztes Stück weitertreiben. Stellen wir uns nun einen Wissenschaftler vor, der uns darüber belehrt, dass man mittels Messungen zuverlässig nachweisen könne, dass sich der Klang einer CD im Orchestersaal in nichts unterscheide vom Klang einer Orchesteraufführung. Und nehmen wir an, dass dieser Wissenschaftler uns außerdem erklärt, dass mit diesem Playbackverfahren im Konzertsaal nachweisbar nicht nur mehr Effizienz, sondern zugleich auch mehr Qualität und Kundenzufriedenheit erreicht werden könne, dann sind wir gar nicht mehr weit entfernt von denjenigen Diskussionen, denen wir uns im Sozialen, bei der Arbeit mit Menschen tagtäglich ausgesetzt sehen. Und das ist dann leider – im Unterschied zum Lesen einer kleinen Satire – gar nicht mehr komisch.

Stellen Sie sich vor, Sie hätten es mit einem hilfebedürftigen Menschen zu tun. Sie wollen ihm helfen, ihn pflegen. Und nun kommt jemand auf die Idee, Ihnen zu erklären, dass Sie dies am besten so tun, dass Sie diese Pflege (und damit im Grunde den Menschen selbst) erst einmal aufteilen in »kleine Wäsche«, »große Wäsche«, »Nahrungsaufnahme«, »Absonderung und Ausscheidung«, »Lagern und Betten«, und so weiter. Schließlich wird Ihnen noch vorgerechnet, wie viele Minuten Sie pro Arbeitsgang verwenden sollten. So zerlegt und berechnet, könnten Sie, so erklärt man Ihnen, ganz prima, soll heißen auf die notwendigsten

Verrichtungen beschränkt und damit wirtschaftlich sehr effizient, aber zugleich qualitativ hochwertig pflegen.

Weit weg ist diese Vorstellung von der Orchesterposse nicht. Es gibt durchaus Parallelen. Der Hauptunterschied zwischen beiden Szenarien ist der, dass wir diese Diskussion im Sozialen ganz real und ernsthaft führen (müssen). Und das mittlerweile mit einer Selbstverständlichkeit, die uns allzu häufig gar nicht mehr darüber nachdenken lässt, was uns hier zugemutet wird und wo wir überall über unseren eigenen fachlichen und ethischen Schatten springen und gegen unsere Überzeugungen handeln sollen.

Konkret heißt das: So wie die Vergütungssysteme derzeit gestrickt sind, darf ein ambulanter Pflegedienst für die Körperpflege des hilfebedürftigen Menschen tatsächlich nicht mehr als eine halbe Stunde aufwenden, will er nicht »draufzahlen«. Für die »Hilfe bei der Nahrungsaufnahme« (gemeint ist Hilfe beim Essen) bleiben gerade mal 15 Minuten, genauso viel wie zum Einkaufen. Um aus dem Eingekauften dann eine warme Mahlzeit zuzubereiten, bleiben etwa 25 Minuten.[4] 15 Minuten, um einem hilflosen Menschen zu helfen, sein Mittagessen zu sich zu nehmen: Es bleibt ein Rätsel, wie das gehen soll, ohne an der Menschenwürde zu kratzen.

Hierzu passt sehr gut, dass man uns erklärt, wir könnten die Güte von Pflegeeinrichtungen beurteilen, indem wir 59 »Einzelindikatoren« auf Skalen von eins bis zehn »messen«. Die Indikatoren reichen von der Erfassung des individuellen Sturzrisikos des pflegebedürftigen Menschen über die Frage, ob der Speiseplan in »lesbarer Form« bekannt gegeben wird, bis hin zum Beschwerdemanagement der Einrichtung. Aus den Einzelergebnissen wird sodann ein Mittelwert gebildet, der wiederum einer Note von 1 bis 5 zugeordnet wird. Und weil ein solches System selbstverständlich ständig weiterentwickelt und verfeinert wird, darf sich die geneigte Öffentlichkeit gelegentlich über Mitteilungen der Pflegekassen wie diese wundern: »Die Skalenwerte für die Zuordnung einer Note wurden angepasst für alle fünf Noten. Man benötigt nun einen höheren Wert (das heißt einen besseren Erfüllungsgrad), um eine gute Note zu bekommen. Ein Beispiel: Bisher gab es bereits ab Skalenwert 8,7 ein ›sehr gut‹, nun braucht man 9,31. Ein ›mangelhaft‹ gibt es bis zum Skalenwert 5,1, vorher nur bis 4,5.«[5]

Es ist skurril, man fühlt sich an Schuberts Unvollendete erinnert. Ein Außenstehender mit unverstelltem sogenanntem »gesunden Menschenverstand« dürfte den Kopf schütteln und sich fragen: »Was um Himmels willen treiben diese Experten da? Warum fragen die nicht einfach die pflegebedürftigen Menschen selbst?« Das wird sogar getan, mittels neun weiterer sogenannter Indikatoren: von der Frage, ob ein schriftlicher Pflegevertrag abgeschlossen wurde, bis dahin, ob die Mitarbeiter der Einrichtung höflich und freundlich seien. Allerdings fließen die Antworten nicht in die Bewertung mit ein, sind es doch »lediglich« subjektiv gefärbte Meinungsäußerungen von Betroffenen, die mit vermeintlich objektiver Messung nichts zu tun haben ...

Vieles, was dem Sozialen zugemutet wird, würde man einem Orchester niemals antun. Eher würde man es schließen. Doch ein Pflegeheim ist nun mal kein Konzertsaal. Und nicht nur das Pflegeheim, auch die Beratungsstelle, der Kindergarten, die Behinderteneinrichtung oder die Beschäftigungsinitiative sind alles andere als Orchestergräben. Vergütung nach Minuten oder nach messbaren »Stückzahlen«, öffentliche Ausschreibungen von sozialen Dienstleistungen, die sich kaum unterscheiden von denen von Bauleistungen, knallharte Kalkulationen, ein »Herunterbrechen« von Leistungsbeschreibungen sozialer und pädagogischer Tätigkeiten, so dass sie auch dem größten Banausen betriebswirtschaftlich gefällig werden – für viele ist all das mittlerweile wie selbstverständlich erlebter, nicht mehr ernsthaft hinterfragter Alltag im Sozialen. Dass das überhaupt nicht zueinanderpassen will, löst keinerlei Empörung mehr aus, sondern bestenfalls noch ein diffuses Unbehagen. Stattdessen macht man sich auch bei Sozialunternehmen vielfach von »pädagogischen Allüren« frei und begreift die scheinbar objektiven Effizienzkriterien des »modernen Marktes« als Ausdruck einer neuen Professionalität; als unbefriedigende, aber nun einmal notwendige und respektable Gratwanderung zwischen den Welten. Tatsächliche, kompromisslose Alternativen liegen mittlerweile außerhalb jeglicher Vorstellungskraft, will man meinen.

Wie konnte es so weit kommen? Was brachte uns dazu, eine Arbeit mit Menschen auf bizarre Weise völlig menschenfremd zu zerlegen in »kleine Wäsche«, »große Wäsche« oder »Hilfe bei der Nahrungsaufnahme« (um beim Beispiel der ambulanten Pflege zu bleiben)? Meine These, die ich in diesem Buch erläutern und begründen werde, ist die, dass diese Taylorisierung der Arbeit mit Menschen eine Konsequenz der ökonomistischen Bestrebungen im Sozialen seit Anfang der 1990er Jahre ist. Es ist der fast zwangsläufig zu nennende Ausfluss einer immer radikaleren Ökonomisierung, der wir uns ausgesetzt sehen.

Ich kritisiere nicht die gute, wichtige und notwendige betriebswirtschaftliche Unterlegung der Sozialunternehmen. Geschenkt. Ich meine vielmehr jenen Prozess, in dessen Verlauf ökonomische Standards alternative Handlungslogiken immer weiter verdrängen und schließlich zum mehr oder weniger einzigen Maßstab sozialer Arbeit und Erziehung werden. Wenn auch in diesem Bereich Menschenbilder, Methoden und Qualität ökonomisch geprägt sind, dann läuft in unserer Gesellschaft etwas schief. Das Wesen sozialer Arbeit und Erziehung droht »auf der Strecke zu bleiben«, mindestens jedoch ökonomistisch zu mutieren und den Menschen aus den Augen zu verlieren.

Von Größenordnungen und der Systemrelevanz des Sozialen

Es geht mir in diesem Buch um die Arbeit in Pflegeheimen und Kindergärten, aber auch in Schuldnerberatungsstellen, Frauenhäusern oder Obdachlosenunterkünften, um Hilfen für Familien, um Schulsozialarbeit und Behindertenwerkstätten. Es geht – mit einem Wort – um Wohlfahrtspflege. Und dieses Feld der Wohlfahrtspflege ist enorm weit: Fünf Millionen Erwerbstätige zählt der Sektor Gesundheits- und Sozialwesen, 2,5 Millionen sind es im Bereich Bildung und Erziehung.[6] Zum Vergleich: In der gesamten verarbeitenden Industrie – ob Automobile, Chemie oder Nahrungsmittel – sind ebenfalls »nur« 7,9 Millionen Menschen tätig. Gemessen an den Erwerbstätigenzahlen ist das Gesundheits- und Sozialwesen damit der drittgrößte Wirtschaftszweig Deutschlands.[7]

Das Sozialwesen umfasst beispielsweise über 50 000 Kitas, die von über 2,5 Millionen Kindern besucht werden. Dazu gehören aber auch rund 12 000 Pflegeheime und ebenso viele ambulante Pflegedienste, die zusammen weit über eine Million Menschen pflegen. Wohlfahrtspflege reicht tatsächlich von der sprichwörtlichen Wiege bis zu Bahre.

Allein die sechs großen Wohlfahrtsverbände, unter deren Dächern sich die Arbeit im Wesentlichen abspielt – der Paritätische Wohlfahrtsverband, die beiden kirchlichen Verbände Caritas und Diakonie, die Arbeiterwohlfahrt, das Rote Kreuz und die Zentralwohlfahrtsstelle der Juden – repräsentieren zusammen über 100 000 Sozialeinrichtungen und Dienste mit über 1,6 Millionen Angestellten. (Das sind mehr Erwerbstätige als in der Land- und Forstwirtschaft.) Hinzu kommen einige Millionen Ehrenamtliche. Sie besuchen pflegebedürftige Menschen, sie helfen bei den Hausaufgaben, sie sitzen an Sorgentelefonen oder organisieren Lebensmittelhilfen bei den Tafeln.

Wohlfahrtspflege ist damit alles andere als ein Nischenphänomen in dieser Gesellschaft. Wohlfahrtspflege hat Gewicht. Es geht dabei viel um Erziehung und Bildung, vor allem aber um Hilfen; um Hilfen, die für viele Menschen existenziell sind. Die Anlässe sind dabei so vielfältig wie die Fußangeln des Lebens selbst. Man wird von einem Partner verlassen, auf den man angewiesen ist, und gerät in eine Krise. Man ist einsam im Alter oder arm, weil die Rente nicht reicht. Man wird pflegebedürftig, oder eine schwere Krankheit ereilt einen. Man hat ein Alkohol- oder Drogenproblem oder eine psychische Erkrankung. Man ist arbeitslos und findet keinen neuen Job. Man hat den Schulabschluss nicht geschafft. Oder man kommt als Ausländer einfach nicht klar in der neuen Gesellschaft. Es sind in vielen Fällen persönliche Verstrickungen, Lebenskrisen, bei denen es müßig ist, die Schuldfrage zu stellen. Häufig genug sind es aber auch Anlässe, bei denen der sogenannte freie Markt in der Regel nicht nur nichts zu bieten hat, was wirklich hilfreich wäre (und was man sich auch noch leisten kann), sondern bei denen unser auf Leistung und Erfolg getrimmte Markt seine ganze Brutalität zeigt; Anlässe, bei denen diejenigen, die schwächeln und aus welchen Gründen auch immer nicht mehr mithalten können, straucheln. Schneller, als viele es sich vorstellen können, stehen sie auf der Straße, haben kein Job mehr, zu wenig Geld und am Ende nicht einmal mehr eine Wohnung.

In der Theorie so mancher Soziologen sollten sie sich eigentlich prima ergänzen, dieser auf Verwertung und Gewinn getrimmte Markt, jene auf unbestechliche Ordnung und Regelhaftigkeit gerichtete Verwaltung und schließlich diese Wohlfahrtspflege, die sich um den Menschen kümmert, wenn er nicht mehr so recht kann, und sein Menschsein wieder ganz in den Mittelpunkt rücken muss, wenn ihm wirklich geholfen werden soll.[8] Es ist die vielbeschworene soziale Marktwirtschaft, die aus diesem Mix von sich eigentlich wiedersprechenden Prinzipien resultieren soll. Marktwirtschaft schon, aber irgendwie gebändigt.[9] Wie auch immer man diese soziale Marktwirtschaft bewerten mag, als Glücksfall für die Menschheit oder nur als besonders raffinierte Form kapitalistischer Ausbeutung – die Geschichte ist voll von Beispielen, die uns zweifelsfrei lehren: Der freie Markt braucht die von ihm unabhängige öffentliche Verwaltung und das Soziale zwingend, will er nicht in kurzer Zeit an seiner eigenen Härte und seiner Gier scheitern und Chaos und Revolution gebären.

Das Soziale ist daher, zusätzlich zu seiner schlichten Größe, für das gesamte Funktionieren dieses marktwirtschaftlich durchdrungenen Systems in Deutschland von größter Bedeutung. Die Akzeptanz dieses Systems hängt neben anderem entscheidend davon ab, dass es einer großen Mehrheit der Menschen relativ gut geht: Unter welchen Bedingungen arbeiten sie? Haben sie überhaupt eine Arbeit? Wie sind Ressourcen, sprich Geld und Reichtum, verteilt? Wie ist es um Bildung und Gesundheit bestellt? Und die Akzeptanz hängt davon ab, wie gut Wohlfahrtspflege funktioniert: Ist sie da, wenn es darauf ankommt? Kümmert sie sich wirklich? Kommt der Mensch wenigstens hier zu seinem Recht, Mensch zu sein? So zynisch es klingen mag: Konsequentes Streben nach dem persönlichen Vorteil bis hin zur Gier (und der entsprechenden Menschenvergessenheit), wie es der kapitalistischen Marktwirtschaft nun mal eigen ist, kann als gesellschaftliches Prinzip nur überleben, wenn ihm ebenso konsequente Menschlichkeit gegenübersteht (und eine ebensolche Ordnung, denn auch oder gerade die konsequente Menschlichkeit neigt zum Ungehorsam, zum Regelverstoß und zur Anarchie). Insofern ist das Soziale weit mehr als das bloße barmherzige Anhängsel eines ansonsten von der Wirtschaft dominierten Systems. Es ist seine Voraussetzung, ein echtes Gegenüber mit eigenen Handlungsprinzipien und -logiken. Wo das Soziale diesen eigenständigen Charakter verliert und sich dem Markt anpasst, verliert es zwangsläufig seine Korrektur- und Ausgleichsfunktion. Das System gerät aus dem Gleichgewicht.

Und genau an diesem Punkt stehen wir: Im Zusammenspiel von Markt, öffentlicher Verwaltung und Sozialem hat es die gewerbliche Wirtschaft vermocht, immer weitere Lebensbereiche der Menschen unter ihren Zugriff und ihre gewinnorientierte Logik zu zwingen. Wohnen beispielsweise war staatlicherseits lang dem Wirken der kapitalistischen Marktwirtschaft entzogen. Erst ganz allmählich wurde es erlaubt, hier Geschäfte zu machen. Ebenso verhält es sich mit der Energiewirtschaft, mit der Wasserwirtschaft, schließlich auch mit der Gesundheitsversorgung oder der Pflege von Menschen. Nach und nach wurde ein Feld nach dem anderen erobert und der Gewinn- und Renditelogik unterworfen. Seit dem Mauerfall 1989 ist Deutschland vom neoliberalen Wirtschaftsprinzip geradezu überrollt worden. Die Grundsätze, Denkweisen und Instrumente der profitorientierten Marktwirtschaft, vom kalten Preiswettbewerb bis hin zur vordergründig, weil ökonomisch effizienten Taylorisierung von Arbeitsprozessen machen auch vor dem Sozialen, vor Bildung, Erziehung und Wohlfahrtspflege, vor Kindergärten, Pflegeheimen oder Hilfen für Arbeitslose keinen Halt mehr, wie wir noch sehen werden.

Es geht daher in diesem Buch um die Ökonomisierung des Sozialen, die da so modern und attraktiv daherkommt, vorgetragen von smarten Managern und klugen Professoren, die Effektivität und Effizienz versprechen, dabei aber leider allzu oft den Menschen aus dem Blick verlieren. Denn unter marktwirtschaftlichen Handlungsmaximen kann es nicht gelingen, Kinder kindgerecht zu erziehen, und es kann nicht gelingen, gute soziale Arbeit in Pflegeheimen, Kindergärten, Jugendzentren oder familienpädagogischen Diensten zu leisten – wie wir ebenfalls noch sehen werden.

Zu viele verlieren bei diesem neoliberalen Spiel. Eine Gesellschaft, die den Menschen mehr und mehr verdrängt und ihn nur noch als Kunden oder Humankapital sieht, wird unmenschlich.

Der Weg in die Ökonomisierung

Von der Liebestätigkeit zum Mehrwert

Um zu verstehen und zu durchschauen, wie Ökonomisierung funktioniert, wie sie schleichend das Soziale verändert und schließlich auch bedroht, um zu erkennen, was sich heute in der Wohlfahrtspflege abspielt, müssen wir zurückblicken – nicht bis zu den Anfängen sozialer Arbeit, aber doch zumindest auf die letzten fünfzig Jahre.

Die Wohlfahrtspflege hat sich im letzten halben Jahrhundert sehr verändert, sowohl in Bezug auf ihre Rolle und die Erwartungen, die an sie gerichtet werden, als auch, was ihr Selbstverständnis anbelangt. Ausgangspunkt und Richtschnur dieses Wandels waren nicht der Staat oder der Wohlfahrtssektor selbst. Es war vor allem der Wirtschaftssektor, wie wir sehen werden, aus dem heraus dem Sozialen Gesetzmäßigkeiten und Moden aufgedrängt wurden. Aus wirtschaftspolitischen Überlegungen heraus wurden die finanziellen Spielräume abgesteckt, die man dem Sozialen zubilligte, und Anforderungen an die Verfasstheit des Sozialen selbst gestellt, dessen eigene Ansprüche, Traditionen und Theorien keine Rolle mehr spielten.

Wir können in der Ökonomisierung des Sozialen in der Bundesrepublik drei Phasen unterscheiden. Sie lassen sich gut an drei Fragen festmachen, auf die die Wohlfahrt zu unterschiedlichen Zeiten jeweils Antworten zu geben hatte. Es waren die 1960er und die 1970er Jahre, als soziale Arbeit von ihren Finanziers, nämlich den öffentlichen Kassen, aber auch von einer kritischer werdenden Öffentlichkeit zunehmend hinsichtlich ihrer Effektivität hinterfragt wurde: »Was genau macht ihr da eigentlich? Erreicht ihr überhaupt etwas? Seid ihr überhaupt erfolgreich?«

In einer zweiten Phase, die Anfang der 1980er Jahre begann, kam schließlich die Frage auf, die uns mittlerweile in Fleisch und Blut übergegangen zu sein scheint: »Geht es auch billiger? Seid ihr wirklich wirtschaftlich?« Es war die Frage nach der Effizienz des Sozialen.

Und schließlich, seit den 1990ern, wurde zunehmend die Frage nach dem Mehrwert des Sozialen gestellt: »Was haben wir eigentlich von eurer Wohltätigkeit; wir, die wir selber gar nicht betroffen sind und eure Hilfe gar nicht brauchen?«

Von der Effektivität über die Effizienz zum Mehrwert des Sozialen, das waren die drei großen Schritte, die das Soziale in Deutschland in relativ kurzer Zeit sehr grundlegend verändern sollten. Es waren diese drei Schritte, die das Soziale an den Markt heranführten, erst allmählich, wie in den 1970er und 1980er Jahren, dann – ab den 1990ern – in unerschütterlichem Glauben an die in jeder Hinsicht heilende Wirkung von Marktgesetzen, von Profitstreben und von Wettbewerb.

Für die meisten Menschen war es zu fast allen zivilisierten Zeiten *an sich* wertvoll, einem Menschen zu helfen, der sich in Not befindet, ein Kind zu erziehen, einem Menschen Pflege zukommen zu lassen oder ihm Obdach zu geben. Es war *an sich und als solches* wertvoll und musste damit nicht oder kaum weiter begründet werden. Wohlfahrtspflege, soziale Zuwendung waren damit im eigentlichen Sinnen des Wortes selbstverständlich.[1] Ob als christlich-konfessionelle »Liebestätigkeit«, wie es damals hieß, oder in Gestalt der bürgerlichen Frauenbewegung des späten 19. Jahrhunderts: Nach eigenem Verständnis und in ihrem Auftreten war Freie Wohlfahrtspflege im Spannungsfeld von Grundsatz und Umsatz im Wesentlichen dem Grundsatz verpflichtet, wenn man so will. Die Wertegebundenheit war das Hauptlegitimationsmuster der Freien Wohlfahrtspflege, sei es vor christlich-religiösem oder humanistischem Hintergrund.

Unmittelbar nach den beiden Weltkriegen des 20. Jahrhunderts kam hinzu, dass Kirchen und Wohlfahrtsverbände ganz einfach dringend gebraucht wurden. Sie waren in dem in jeder Hinsicht zerstörten Deutschland gar nicht wegzudenken, sollte die Versorgung der Bevölkerung sichergestellt werden. Erneut war ihre Hilfe selbstverständlich und wurde nicht hinterfragt. Das sollte sich ändern, so wie die Nachkriegsnot überwunden wurde und sich der Sozialstaat Bundesrepublik formierte.

Anfang der 1960er Jahre gab sich die Bundesrepublik ein Jugendwohlfahrtsgesetz[2] und ein Sozialhilfegesetz. Der Staat übernahm Verantwortung für seine bedürftigen Einwohner und seine Kinder und Jugendlichen. Er garantierte ihnen Hilfe, wenn sie in Not waren, und verpflichtete sich, für Einrichtungen vom Jugendzentrum bis zum Pflegeheim Sorge zu tragen. Erstmals konnten die Hilfen vom Bürger eingeklagt werden. Die freie Wohlfahrtspflege und ihre Verbände bekamen in beiden Gesetzen eine sehr starke Rolle zugesprochen. Wo immer sie tätig waren, hatte sich der

Staat mit eigenen Aktivitäten zurückzuhalten. Gleichwohl hatte er im Zweifelsfalle zu zahlen.[3] Immer diffizilere Finanzierungsstrukturen zwischen Staat und Verbänden waren die Folge.[4]

Wo jedoch institutionelle Geflechte und Hilfesysteme wuchsen, wo Finanzströme sich etablierten und Rechtsansprüche begründet wurden, für die der Staat aufzukommen hatte, und wo öffentliche Institute wie Jugendämter und Sozialämter nun letztverantwortlich waren für ein Gelingen der Hilfen, da brauchte es nicht lange, bis die so fraglose Legitimation freier Wohlfahrtspflege nicht mehr trug. »Sicherlich ist es wertvoll und gut, was ihr da tut. Doch ist dieses Tun denn auch wirklich zielführend?«, so die nun immer häufiger und nachdrücklicher gestellte Anfrage. Man wollte Erfolge sehen. Soziale Arbeit wurde zunehmend angehalten, sich nicht nur moralisch, sondern auch methodisch zu legitimieren, sich zu professionalisieren und schließlich auch wissenschaftlich zu unterlegen. Es ging dabei ganz wesentlich um Effektivität.

In Beantwortung dieser Frage begann daraufhin eine sehr kreative Phase der methodischen Durchdringung und der wissenschaftlichen Fundierung sozialer Arbeit. Das Personal wurde qualifizierter und professioneller, Angebote differenzierten sich, neue Berufsbilder entstanden ebenso wie neue Ausbildungs- und Studiengänge. Die traditionellen Methoden der Gruppenarbeit in der Jugendhilfe und der Einzelfallarbeit wurden theoretisch unterlegt und weiterentwickelt, dazu wurden Anleihen gemacht bei der Psychotherapie und bei der aus den USA herüberkommenden Strategie der Stadtteilentwicklung. Statt von Einzelfallarbeit war nun von »case management« die Rede, Gruppenarbeit wurde folgerichtig zur »group work«. Die Stadtteil- oder auch Gemeinwesenarbeit gefiel sich gut als »community organising« und fand ihre Erfüllung in »social action«. Damit war sozusagen auch der sprachliche Nachweis der Professionalisierung und Transnationalität erbracht.

Die Ausbildungsstätten im Sozialen wurden zu »Höheren Fachschulen« und in den 1970er Jahren sogar zu Fachhochschulen aufgewertet. Auch an einigen Hochschulen und den noch neuen Gesamthochschulen wurden einschlägige Studiengänge angeboten. Die klassische Fürsorgerin verschwand und wurde ersetzt durch Erzieherinnen, Sozialarbeiterinnen, Sozialpädagogen oder Diplompädagogen. Wer zuvor noch den Status eines Außendienstmitarbeiters der Beamten in den Sozialverwaltungen hatte, kam nun nach und nach in den Rang eines eigenständigen Profis. Neue soziale Protestbewegungen wie die Heimkampagne[5], die Jugendzentrumsbewegung[6], die Frauenbewegung, aber auch die vielen Selbsthilfeinitiativen von Arbeitslosen und Sozialhilfebeziehern sorgten in den 1970er Jahren schließlich für eine gehörige Politisierung dieser noch recht jungen Fachlichkeit.

Die Stimmung war prima in den 1960ern und der ersten Hälfte der 1970er; nicht nur im Sozialen. Wirtschaftlich ging es ja schon seit den 1950ern steil bergauf. Ende der 1960er kam zwar die erste Wirtschaftskrise, doch glaubte man mit der neuen Wirtschaftspolitik nach den Lehrbüchern des britischen Wirtschaftswissenschaftlers John Maynard Keynes[7] nun einen Schlüssel zu permanentem Wachstum gefunden zu haben. Krisen sollten ein für alle Mal der Vergangenheit angehören. Konjunkturen schienen machbar. Doch währte die Euphorie nicht sehr lang: Im Herbst

1973 drosselte die Organisation erdölexportierender Länder (OPEC) im Zusammenhang mit der Auseinandersetzung um die Israelpolitik der »westlichen Welt« genauso überraschend wie drastisch ihre Ölförderung und verteuerte damit den Ölpreis quasi über Nacht um 70 Prozent. Die Folgen waren in Deutschland nicht nur autofreie Sonntage mit beschaulichen Spaziergängen auf den Autobahnen oder ein Tempo-100-Limit. Vor allem sorgte dieses Ereignis, das als »Ölschock« in die Geschichte eingehen sollte, ganz wesentlich dafür, dass im Laufe des Jahres 1974 das Wirtschaftswachstum bedrohlich gegen null ging und die Arbeitslosigkeit, die man mit Keynes doch eigentlich überwunden zu haben glaubte, wieder ebenso beunruhigend stieg. Die gute Stimmung kippte merklich. Trotz allen Gegensteuerns mit milliardenschweren staatlichen Ausgabenprogrammen und trotz aller hektisch eingeleiteten Steuerentlastungsprogramme brach die Wirtschaft 1975 endgültig ein. Es wurde erheblich weniger produziert und investiert als im Vorjahr: Rezession. Die Zahl der Arbeitslosen übersprang erstmalig die Millionengrenze. Hinzu kam noch einmal eine Million Kurzarbeiter. Die Folge: Steigende Ausgaben für Arbeitslosengeld, Arbeitslosenhilfe und Sozialhilfe bei gleichzeitigen Steuer- und Beitragsausfällen. Allein für den Bund wurde ein Rekordhaushaltsdefizit von über 40 Milliarden Mark vorhergesagt.[8]

Der Glaube an Keynes begann mehr und mehr zu schwinden, und verunsichert begann die Bundesregierung, hin und her zu schwanken zwischen Sparprogrammen zur Eindämmung der Defizite und Ausgabenprogrammen zur Ankurbelung der Wirtschaft. Mit Beginn der 1980er Jahre legte man sich dann jedoch ganz eindeutig fest: Sparen und

Kürzen wurden geradezu zum politischen Programm erhoben. Die SPD-FDP-Regierung legte 1981 mit ihrer sogenannten »Operation 82« vor. Erhebliche Kürzungen im Sozialen auf der einen Seite, massive steuerliche Entlastungen der Wirtschaft auf der anderen Seite waren vorgesehen. Bekanntlich kam es nicht mehr zur Umsetzung dieses Plans, da Kanzler Helmut Schmidt von Helmut Kohl abgelöst wurde. Die neue Koalition aus CDU und FDP konnte jedoch nahtlos am sozialliberalen Sparkurs ansetzen – und zwar völlig frei von allen parteipolitischen Bauchschmerzen, die die damalige SPD noch wegen der Kürzungen im Sozialbereich gequält hatten.

Den Kämmerern vor Ort machte derweil das Problem scheinbar unaufhaltsam wachsender Sozialhilfeausgaben zu schaffen, da für sie nämlich nicht der Bund, sondern die Kommunen geradezustehen hatten. Die Zahl der Sozialhilfebezieher überstieg Anfang der 1980er erstmals die Millionengrenze. Das ging ins Geld, zumal diese Ausgaben nicht eingeplant waren. Das konnte auch für die Wohlfahrtspflege nicht ohne Folgen bleiben, da ihre Dienste und Einrichtungen mittlerweile ebenfalls stark vom Geldbeutel der Kommunen abhängig waren. Und so konnte es gar nicht ausbleiben, dass sie erneut, dieses Mal noch eine Spur kritischer hinterfragt wurde: »Nun mag es ja sein, dass ihr wertvolle Dinge tut und dies auch methodisch fundiert«, so die neue Anfrage, »Aber ist euer Tun auch effizient? Arbeitet ihr wirklich wirtschaftlich?« Oder im Klartext: »Lassen sich eure Kosten nicht drücken?«

Die Fragen setzten ja an einem durchaus richtigen Gedanken an: Der wirtschaftliche Umgang mit Ressourcen und eine sich daraus ableitende betriebswirtschaftliche

Sicht auf die soziale Arbeit einerseits und ihr ethisches Grundmerkmal andererseits müssen keineswegs ein Gegensatzpaar darstellen, auch wenn Skeptiker bereits zu diesem frühen Zeitpunkt genau das einwandten: Die Verschwendung von Ressourcen und ihr nur suboptimaler Einsatz zuungunsten des Hilfebedürftigen und zulasten der Gemeinschaft können ebenfalls eine durchaus ethische und moralische Komponente haben.

Die Einsicht in die Notwendigkeit eines kostenbewussten, professionellen Managements sozialer Arbeit setzte sich mehr und mehr durch. Es gab genug Profis, die die Frage nach der Effizienz des Sozialen nicht als böswilligen Angriff verstanden, sondern als eine Herausforderung, die eine konstruktive Antwort verdiente. Sehr zügig wurden moderne Methoden betriebswirtschaftlichen Managements adaptiert. Kurse in Vereinsrecht, Buchhaltung, Personalführung und Verhandlungsführung fanden genauso selbstverständlich Eingang in die Fortbildungskalender der Verbände und Akademien wie zuvor die Kurse in hilfreicher Gesprächsführung oder – je nach Neigung und Ausrichtung – in Klangerfahrung oder Ausdruckstanz. Wo vielleicht tatsächlich noch hier und da die Zahlungsbelege in Schuhkartons aufbewahrt wurden, war damit nun endgültig Schluss. Auch wo Sozialbetriebe mit ihrer Buchhaltung dem Kalenderjahr hoffnungslos hinterherliefen und die einzige halbwegs aktuelle betriebswirtschaftliche Kennziffer der Kontostand war, mussten diese nun richtig nacharbeiten und sich wirtschaftlich neu aufstellen.

Von »Sozialwirtschaft« war nun die Rede, wenn man vom Sozialen sprach. »Sozialmanagement« hieß die angesagte Disziplin, auch wenn ihr anfangs noch mit recht viel

Skepsis und sogar Ressentiments begegnet wurde. (Immerhin hatten die auf soziale Arbeit getrimmten Profis doch gerade erst ihre eigene Professionalität begründet und durchgesetzt.) Schlaue und zupackende Menschen erkannten dabei recht früh, dass sich hier eine durchaus lukrative Bildungsnische auftat, da Sozialmanagement als effizientes Führen und Leiten sozialer Einrichtungen einfach den Nerv der Zeit traf.

Wurde es anfangs noch gelegentlich als »soziales Management« begriffen (»Wir sind die Guten, wir machen es anders!«), rückten doch sehr bald ganz alltägliche ökonomische Fragen und die Vermittlung allgemeiner Managementkenntnisse und -fähigkeiten in den Mittelpunkt des Interesses und der einschlägigen Aus- und Fortbildungen (»Wir sind zwar immer noch die Guten, aber wir können auch anders!«).

Der sozialen Arbeit tat das alles im Großen und Ganzen richtig gut. In den meisten Fällen wurde es bei dieser »Verbetriebswirtschaftlichung« vermieden, einfach nur schicken Modernismen nachzulaufen. Meist gelang es durchaus, die notwendige Balance zwischen ethischem und fachlichem Anspruch (also dem Blick auf den Menschen) und betriebswirtschaftlichen Notwendigkeiten und Denken zu finden. Und wo dies gelang, hatten am Ende alle etwas davon: die sozialen Dienste, die Sozialarbeiter, der Steuerzahler und nicht zuletzt der betroffene Mensch in der Einrichtung selbst. Nur wenn die Leitung eines Sozialunternehmens weiß, was ihr Geld so macht, kann sie dafür sorgen, dass es am Ende auch wirklich den Klienten zugutekommt.

Massenarbeitslosigkeit, Ratlosigkeit und Visionen

Ende der 1980er stand der Sozialsektor zwar in Blüte, doch der bundesrepublikanische Sozialstaat war in gar keiner guten Verfassung. Es gab Grund genug, beunruhigt zu sein, und viele, die über den Tag hinaus dachten, waren es auch. Über zwei Millionen registrierte Arbeitslose wurden Ende der 1980er gezählt (zehn Jahre zuvor waren es noch halb so viele), darunter 600 000 Langzeitarbeitslose – ein in dieser Größenordnung echtes Novum in der Bundesrepublik. Jeder dritte Arbeitslose war bereits ein Jahr und länger ohne Job. Darauf war das bundesdeutsche Sozialversicherungssystem nicht eingestellt. Arbeitslosenversicherung und Rentenversicherung waren auf sogenannte Normalerwerbsbiographien zugeschnitten, also auf Erwerbstätige, die nur kurz mal arbeitslos waren, ansonsten aber ordentlich verdienten. Mit dauerhafter Ausgrenzung konnten sie nichts anfangen. Das Arbeitslosengeld war immer schon befristet und kannte – wie die Rente auch – keine Mindestbeträge. Auch war das Arbeitslosengeld an die Voraussetzung gebunden, dass jemand zuvor gearbeitet und in die Kasse eingezahlt hatte. Und so fielen nicht nur Langzeitarbeitslose, sondern auch viele junge Menschen oder Frauen, die nach der Erziehung ihrer Kinder wieder in den Beruf einsteigen wollten, durch den Rost. Nicht einmal mehr die Hälfte aller Arbeitslosen bezog tatsächlich Arbeitslosengeld. Die Folge: Nicht mehr eine Million wie Anfang der 1980er, sondern bereits 1,7 Millionen Menschen waren kurz vor der Wende auf Sozialhilfe angewiesen, darunter immer mehr erwerbsfähige, arbeitssuchende Hilfebedürftige.

Zu Recht stöhnten die Kommunen, dass die Lasten für sie kaum noch zu schultern waren. Denn zusammen mit denjenigen, die Sozialhilfe wegen Pflegebedürftigkeit bezogen – die Pflegeversicherung gab es ja noch nicht –, waren es sogar 3,6 Millionen Menschen, die »sozialhilfebedürftig« waren, wie man es damals nannte. Hierauf war das Bundessozialhilfegesetz jedoch nicht ausgelegt. Die Ausgaben der Kommunen für die Sozialhilfe beliefen sich Ende der 1980er bereits auf rund auf 27 Milliarden D-Mark.

Die wirtschaftspolitische Bilanz fiel Ende der 1980er auch nicht besser aus. Um die steigende Arbeitslosigkeit zu bekämpfen, hatten verschiedene Regierungen seit nunmehr über zehn Jahren so gut wie sämtliche Register orthodoxer Wirtschaftspolitik gezogen, ohne irgendwelche nennenswerten Erfolge erzielt zu haben. Brav hatten sie fast alle Empfehlungen der angebotsorientierten Wirtschaftswissenschaftler[9] und der Wirtschaftslobbyisten umgesetzt (siehe das Kapitel »Neue Hohepriester und glücklose Tippgemeinschaften«), hatten die Steuern für die Unternehmen gesenkt, den Arbeitsmarkt dereguliert, wie es so schönfärberisch heißt, und das soziale Netz tiefer gehängt. Doch war es nicht gelungen, aus der armuts- und arbeitsmarktpolitischen Abwärtsspirale herauszukommen, Arbeitsplätze zu schaffen, die Arbeitslosenquote zu senken und Steuer- und Beitragseinnahmen wieder sprudeln zu lassen. Ganz im Gegenteil: Die Arbeitslosenzahlen waren ebenso unaufhörlich angestiegen wie die Summen für die sozialen Unterstützungsleistungen. Ernüchterung stellte sich Ende der 1980er angesichts dieser verheerenden Bilanz ein. Ratlosigkeit allenthalben.

Kurioserweise war die Stimmung zu diesem Zeitpunkt jedoch gar nicht so schlecht, wie man denken sollte. Denn viele verbanden mit dieser Ratlosigkeit auch neue Hoffnungen. Es machte sich so etwas wie eine sozialpolitische Aufbruchsstimmung breit. Menschen, die wirklich etwas verändern wollten, witterten ihre Chance. Denn eines war in ihren Augen klar: Es mussten Lösungen her. Auch die hartgesottensten neoliberalen Hardliner könnten dieser Entwicklung nicht weiter tatenlos zuschauen. Niemand, so die Überzeugung, konnte ein Interesse daran haben, diesen Sozialstaat einfach gegen die Wand fahren zu lassen. (Heute wissen wir es freilich besser: Sie konnten durchaus!) Und die Lösung konnte eigentlich nur in irgendetwas wirklich Neuem bestehen, so dachten sie.

Die Gewerkschaften sprachen über Arbeitszeitverkürzung bei Lohnausgleich, über die 35-Stunden-Woche. »Wir haben genug Arbeit«, hieß es, »und Geld ist auch genug da. Also lasst uns die Arbeit neu verteilen.« Der gleichen Logik, nur weitaus konsequenter, folgten damals die, die eine Grundsicherung propagierten: »Die Menschen arbeiten doch bereits. Sie erziehen Kinder, sie pflegen Angehörige, sie schaffen Kultur. Sie tun Dinge, die gut für uns alle sind. Gebt ihnen Geld. Diese Gesellschaft ist reich. Sie kann es sich leisten.«

Eine »Maschinensteuer« schien damals vielen die naheliegende Antwort auf sprunghaft ansteigende Produktivitätsraten und explodierende Gewinnmargen zu sein. Es könne doch nicht angehen, so die Logik, dass sich die Sozialversicherungen allein aus Beiträgen finanzierten, die an den Löhnen bemessen werden, während gleichzeitig mit Rationalisierungsinvestitionen Arbeitsplätze vernichtet und Gewinnmargen in die Höhe getrieben würden. Das gesamte beitragsorientierte Finanzierungssystem wurde damit radikal in Frage gestellt. Nicht mehr die Lohnsumme eines Betriebes sollte Grundlage für die Berechnung der Sozialabgaben sein, sondern die gesamte Wertschöpfung. Es ging um Verteilung, um Neuverteilung von Arbeit, von Geld, von Gewinnen.

In der Rentenversicherung und in der Arbeitslosenversicherung wurden Mindestsicherungskonzepte diskutiert. Eine Sockelrente sollte an alle Rentner gezahlt werden, die sie vor Armut im Alter schützt – ganz egal, was sie zuvor in die Rentenkasse eingezahlt hatten. Unter Grundsicherung verstand man dabei etwas völlig Anderes als das später verabschiedete mickrige, misanthropische und schikanöse Hartz IV.[10]

Es waren aus heutiger Sicht geradezu radikal anmutende Positionen und sehr ungezwungene Diskussionen. Vieles, was damals zum Greifen nah schien, findet sich heute entweder gar nicht mehr oder gerade noch in der Ecke vermeintlicher Phantasten und Visionäre wieder. Deutschland befand sich tatsächlich an einem Scheideweg. Dass sich etwas grundlegend ändern müsse, schien den meisten irgendwie unausweichlich. Hart prallten daher die Interessen aufeinander, denn auf der anderen Seite sammelten sich auch die neoliberal aufgestellten Wirtschaftswissenschaftler: Wenn der Arbeitsmarkt trotz zehnjähriger angebotsorientierter Wirtschaftspolitik noch immer nicht anspringen wolle, so ihr Zirkelschluss, sei diese Politik eben noch nicht konsequent genug umgesetzt worden, wurde noch nicht genug gekürzt in den öffentlichen Haushalten, sei das soziale Netz halt immer noch zu hoch gespannt und der Arbeitsmarkt noch immer zu verregelt, zu arbeitnehmerfreundlich, mit zu vielen Schutzrechten versehen. (Sonderlich überzeugen konnte diese Argumentation freilich nicht, nachdem die Empfehlungen der neoliberalen Wirtschaftler über Jahre ziemlich penibel umgesetzt worden waren.)

Was im Laufe der 1990er dann passierte, war schon deshalb so bemerkenswert, weil es so unreflektiert geschah und wie eine Welle über uns hereinschwappte.

Der Fall der Mauer und der Durchbruch des Neoliberalismus

Aus heutiger Sicht mutet es wie ein Zeitzeichen an, was sich am 9. November 1989 zeitgleich abspielte: Im deutschen Bundestag wurden die ersten großen Einschnitte bei den Renten beschlossen, weil die Rentenversicherung angesichts der anhaltenden Arbeitslosigkeit und der demographischen Entwicklung in echte Probleme zu geraten drohte. 200 Meter Luftlinie entfernt legte der Paritätische Wohlfahrtsverband der Öffentlichkeit in der Bonner Bundespressekonferenz erstmals seinen nationalen Armutsbericht für die Bundesrepublik vor. Und in Berlin fiel nur wenige Stunden später die Mauer.

»Schaut doch mal nach drüben!«, sahen sich plötzlich all jene aufgefordert, die in Westdeutschland Armut anprangerten und auf Systemveränderungen oder doch zumindest Sozialreformen drängten. Der Fall der Mauer, der Niedergang der DDR und das Scheitern der Planwirtschaft wurden als Sieg im Kampf zweier Systeme gefeiert, als der endgültige, unzweifelhafte Sieg der westlichen, freien und kapitalistischen Marktwirtschaft über den im Osten praktizierten Sozialismus und Kommunismus. Einer innovativen Sozialstaatsdiskussion wurde so der Boden unter den Füßen weggezogen. Die Reformdiskussionen in der bundesrepublikanischen Aufbruchsstimmung Ende der 1980er waren damit praktisch über Nacht erledigt. Einige Unentwegte, die die Hoffnungslosigkeit ihrer Bemühungen noch nicht erkennen konnten, flüchteten sich in ein »Jetzt erst recht!«. Manifeste wurden verfasst mit dem Inhalt, man möge diese historisch einmalige Situation auch zur Renovierung des Sozialen nutzen.[11] Theoretisch war das ja auch okay. Aber halt nur theoretisch.

Waren Arbeitslosen- und Rentenversicherung bereits in Westdeutschland an ihre Grenzen gestoßen, war es für den Osten erst recht völlig unklar, wie lange es dauern sollte, bis er eine Beschäftigungslage und ein Lohnniveau aufweisen würde, die das westdeutsche System greifen ließen. Eine bruchlose Übertragung der westdeutschen Sicherungsstrukturen, das war den meisten Fachleuten klar, konnte also auf keinen Fall funktionieren. Während Kanzler Kohl bald schon blühende Landschaften versprach, gingen ernsthafte Prognosen wie etwa die der OECD von 15 bis 30 Jahren aus, bis sich die Produktions- und Einkommensniveaus von Ost und West angeglichen hätten. Dem Weg in die »Sozialunion« (die Zusammenführung der sozialen Sicherungssysteme von Ost und West) hätte eigentlich eine Analyse der kurz- und mittelfristigen Auswirkungen dieses Schrittes vorausgehen müssen. Planung wäre angezeigt gewesen. Idealerweise hätte die Sozialunion sogar die jeweiligen Vorzüge der sozialen Sicherungssysteme in Ost und West kombinieren können. Doch was heißt schon »eigentlich«, »idealerweise« oder »hätte«? »Hätte, hätte, Fahrradkette«, hätte unser Ex-SPD-Kanzlerkandidat Steinbrück wahrscheinlich gedichtet. Und tatsächlich kam es ganz anders.[12]

Mit dem Fall der Mauer sollte sich nicht nur in Ostdeutschland alles, sondern auch in Westdeutschland sehr vieles ändern. Ein neoliberaler Zeitgeist fegte kalt über das Land und schien auch in die letzten Nischen dieser Gesellschaft einzudringen.

Frontmänner und Einpeitscher zugleich waren unsere neoliberalen Ökonomen. Sie gaben dem Ganzen sozusagen Seele und seriöses Gesicht. Ihr plötzlicher Reputationsgewinn und ihre Popularität waren nach der erfolglosen wirtschaftsliberalen Politik der 1980er geradezu verstörend. (Für mich jedenfalls!) Dass sie sich mit ihren Gutachten in alles und jedes einmischten, was es politisch zu entscheiden galt, war an sich nicht neu. Immerhin wurden sie von Politik und Wirtschaftslobby für einen Gutteil dieser Meinungsäußerungen in Form von Stellungnahmen und Gutachten gut bezahlt. Doch nun wurde ihnen auch in der breiten Bevölkerung plötzlich eine ganz andere Aufmerksamkeit zuteil. Keine Diskussionsrunde mehr, in der man auf Meinung und Kenntnis der Ökonomen verzichten wollte, keine Talkshow, in der sie nicht saßen wie die Inkarnation objektiven Sachverstandes, als Richter über Richtig und Falsch, als vermeintlich interessensfreie Felsen in der ungestümen Brandung eigeninteressierter Lobbyisten und gesellschaftspolitischer Scharlatane. Manche von ihnen entwickelten sich – dank der Vielseitigkeit ihres Talents – zu echten Stars ihrer Zunft. Leute wie Norbert Walter, der langjährige Chefvolkswirt der Deutschen Bank, der auch gern mal über »die Welt auf der Suche nach Führung« schwadronierte und dabei umstandslos den Bogen zu spannen wusste von Papst Johannes Paul II. über den Schnittblumenanbau in Kolumbien bis zur japanischen Innenpolitik[13]; Hans-Werner Sinn, der Präsident des ifo Instituts für Wirtschaftsforschung und nebenbei langjähriges Aufsichtsratsmitglied der Hypo-Vereinsbank, der mit seiner Barttracht immer an Kapitän Ahab aus »Moby Dick« in der Verfilmung von John Huston erinnert; oder aber der unvermeidliche Bert Rürup, SPD-Mitglied, langjähriger Vorsitzender des Sozialbeirates der Bundesregierung, langjähriger Vorsitzender des Wirtschafts-Sachverständigenrates der Bundesregierung, Mitglied zahllos anmutender Regierungskommissionen, später auch mal tätig für den berüchtigten »Finanzdienstleister« AWD des häufiger in die Schlagzeilen geratenden Schröder-Freundes Carsten Maschmeyer[14] oder für das *Handelsblatt*. Sie entwickelten sich zu festen Größen im gesellschaftlichen Leben zwischen Politik, Wirtschaft und Medien. Sie machten sich, ihre Disziplin und ihre Botschaften tatsächlich populär und wurden sogar noch mehr beachtet als Meinungs- und Parteienforscher. Sie übernahmen ganz unangefochten die Deutungshoheit in dieser Republik. Wahrscheinlich weil sie sich so gut verkauften. Und weil ihre Analysen und Vorschläge so prächtig mit den Renditeinteressen der großen Wirtschaft korrespondierten, deren kräftiger Unterstützung sie sich damit gewiss sein konnten.

Die neoklassische Wirtschaftstheorie beschränkt sich ja nicht nur auf Wirtschaft im engeren und eigentlichen Sinne. Sie bot und bietet Deutungsmuster und Handlungsempfehlungen an für fast alle Bereiche dieser Gesellschaft, alle möglichen Facetten unseres Zusammenlebens. Wenn es darum geht, Hartz-IV-Leistungen auf ein menschenwürdiges Maß anzuheben, sind ihre Apologeten da und mahnen uns, so etwas trübe die Arbeitsmotivation. Wenn das Kindergeld erhöht werden soll, weil nun einmal alles teurer geworden ist oder um einen staatlichen Ausgleich zu schaffen zwischen Personen mit und ohne Kindern, rechnen sie uns penibel vor, wie viele Frauen dadurch vom Arbeitsmarkt ferngehalten werden könnten. Wesentlich dazu beigetragen hat ein amerikanischer Wirtschaftswissenschaftler namens Gary Becker, der hierzu die theoretischen Grundlagen schuf. Geradezu pünktlich (oder »just in time«) bekam er denn auch 1992 den Nobelpreis für Wirtschaft zugesprochen. Der neoliberale Hardliner Becker kämpfte bereits seit den 1960er immer ganz vorne mit, wenn mit schlichten neoliberalen Marktlogiken eigentlich ganz und gar nicht ökonomische, geschweige denn marktgängige Felder erobert werden sollten. Zusammen mit anderen legte er damals den Grundstein für die Betrachtung des Menschen als »Humankapital«, seine Verkürzung also auf das, was der Einzelne mit seinen Kenntnissen und Fertigkeiten in betriebswirtschaftliche Verwertungsprozesse einzubringen hat. »Humankapital« wurde 2004 zum Unwort des Jahres gekürt.

Seit den 1970ern war dann nichts mehr sicher vor dem »ökonomischen Imperialisten«[15], wie ihn ein bekanntes Wirtschaftsmagazin sehr treffend titulierte. Ein Feld nach dem anderen versuchte er der Soziologie abzujagen und der ökonomischen Deutungshoheit zu unterwerfen. Jedes menschliche Verhalten, jede menschliche Entscheidung resultiere aus einer im weiteren Sinne rationalen Nutzenabwägung und habe allein die Maximierung des eigenen Vorteils zum Ziel. Phänomene der Rassendiskriminierung sollten damit ebenso erklärt werden wie Kriminalität oder eine ungesunde Lebensführung. Geradezu berüchtigt sind seine ökonomischen Erklärungsversuche zur Familie, bis dahin doch das letzte allgemein anerkannte Refugium vor ökonomischer Rationalität und Marktlogik. Eheschließung? Nach Becker nichts anderes als das Ergebnis eines Kosten-Nutzen-Vergleichs zum Alleinbleiben oder aber zur Mühe der weiteren Partnersuche. Entscheidung für Kinder? Ergebnis einer Abwägung der Kosten ihrer Aufzucht und ihres Nutzens für die Eltern. Und so weiter, und so weiter … Immer nach der gleichen platten Grundlogik.

Da das menschliche Zusammenleben in dieser Vorstellungswelt im Prinzip nach den gleichen Regeln funktioniert wie das Marktgeschehen, gelten auch die gleichen Rezepte.[16] Jedes Individuum wird als eine Art Vermögensverwalter verstanden. Es ist seine Sache, wie er mit diesem Vermögen umgeht und es optimiert. Dem einen sei Freizeit wichtiger als Luxus, einem anderen Freundschaft wichtiger als Macht. Der Dritte tausche Liebe gegen materiellen Wohlstand ein. Vertreten wird das Prinzip des »Non-Tuismus«[17], also das genaue Gegenteil von Altruismus: Nichts wird verschenkt. Keiner soll sich auf dem Markt als Anwalt des anderen fühlen. Freundschaftliche Zuwendung hat auf dem Markt nichts verloren. Ganz im Gegenteil: Sie setze falsche Anreize und unterminiere geradezu Eigeninitiative und Selbstverantwortung.

Nur zu schön lässt sich so gegen jegliche fürsorgende Sozialpolitik polemisieren; und das sogar noch mit wissenschaftlichem Segen. Sozialhilfe- oder Hartz-IV-Abhängigkeit? Nichts weiter als die individuelle Entscheidung zwischen

Müßiggang und Arbeit, das Ergebnis ohnehin zu hoher Sozialhilfesätze. Vorruhestand? Genau dasselbe, denn er wird von älteren Menschen in Anspruch genommen, die keinen wirklichen materiellen Anreiz mehr in ihrer Erwerbsarbeit sehen ... Kein Wunder, dass derartige Theorieangebote begierige Abnehmer bei Wirtschaftsverbänden und jeglicher Form organisierten privaten Reichtums fanden (und finden). Selbst der eine oder andere Stammtisch konnte sich endlich auf Nobelpreisträger berufen.

Bemerkenswert unhinterfragt bleiben dabei in der Öffentlichkeit die oft abenteuerlichen Modellrechnungen der neoliberalen Ökonomen, mit denen uns ihr »objektiver Sachverstand« suggeriert wird. Wie Prognosen werden sie gehandelt und für bare Münze genommen; etwa wenn sie uns vorrechnen, wie viele Frauen bei einer Kindergelderhöhung angeblich keine Lust mehr verspüren zu arbeiten. Kommuniziert werden in Medien und öffentlichen Diskussionen immer nur die Ergebnisse dieser geheimnisvollen Berechnungen. »Eine neuen Studie des Instituts ... kommt zu dem Ergebnis, dass ...«, heißt es dann lapidar. Oder aber »Wirtschaftswissenschaftler gehen davon aus, dass ...«. Meist »warnen Wirtschaftswissenschaftler« in den Medien vor irgendetwas. Hinter die Kulissen dieser Institute wird jedoch so gut wie nie geschaut. Betrachten wir jedoch einmal genauer, welche Annahmen menschlichen Verhaltens solchen Simulationen zugrunde gelegt werden, welches Menschenbild in diese Studien Eingang findet, kommt man schnell zu dem Schluss, dass im Vergleich dazu Pawlows Hund ein psychisch und emotional hochkomplexes und diffiziles Wesen gewesen sein muss.[18] Streng der Becker'schen Vorstellung vom »homo oeconomicus« folgend, unterstellt man in solchen Studien, dass menschliches Verhalten durch schon relativ kleine wirtschaftliche persönliche Vorteile gelenkt werden kann. Es wird tatsächlich unterstellt, dass Menschen mit halbwegs auskömmlichem Einkommen für beispielsweise 100 Euro mehr oder weniger Kindergeld ihren gesamten Lebensstil verändern, ihre Vorstellungen von familiärem Zusammenleben oder von Karriere »über Bord werfen«. Es wird unterstellt, dass Menschen bei 50 Euro mehr an Sozialtransfers fluchtartig die nächste Hängematte aufsuchen, die schon irgendwo im Schrank lag, um künftig und gänzlich dem Arbeitsleben abzuschwören.

Der Mensch und seine Vorstellungen vom Glück sind erfreulicherweise sehr viel komplexer, als es unsere neoliberal eingeschworenen Volkswirte in ihren schlichten psychologischen Annahmen voraussetzen. Aber dennoch: Dieses seltsame neoliberale Menschenbild hat sich in weiten Teilen der Politik und der sie begleitenden Medien durchgesetzt.

Nie hatten wir bis dahin in der Bundesrepublik Deutschland den Fall, dass eine einzige wissenschaftliche Disziplin – und dann auch noch von einer ganz spezifischen Ausrichtung – so dominierte mit ihren Deutungsangeboten für das, was in dieser Gesellschaft passiert, und mit ihren Vorschlägen, wie diese Gesellschaft zu gestalten und weiterzuentwickeln sei. Nun jedoch war es passiert: Immer schon hoffähig, hatte es die neoliberale Wirtschaftswissenschaft mit Wende und Vereinigung geschafft, zur bestimmenden wissenschaftlichen Ausrichtung zu werden. Mit ihren Kernforderungen von »weniger Staat« und »mehr wirtschaftliche Freiheiten«, »mehr Eigenverantwortung und Eigeninitiative« traf sie in Deutschland nach dem Niedergang der DDR ganz einfach den Nerv der Zeit.[19]

Aufstiegsversprechen, Volksaktien und Privatisierungshype

In den Jahren nach der Vereinigung wurde das Land von einer unvergleichlichen neoliberalen Welle überrollt. Die Telekom wurde als ineffizient »entlarvt« und erst einmal privatisiert. Die Telekomaktie wurde zur »Volksaktie« stilisiert (sehr bewusst in Anlehnung an die Erfolgsgeschichte der ersten Volkswagen): Ein sehr populärer Fernsehschauspieler mit ostdeutschen Wurzeln, der breiten Zuschauerschaft insbesondere bekannt geworden durch eine Serie, in der er einen Anwalt der »kleinen Leute« verkörpert, wurde zur idealen Werbeikone für diesen Deal. »Wenn die Telekom an die Börse geht, geh' ich mit«, war der Slogan, mit dem er ein ganzes Volk von Sparern aufs Parkett locken sollte. Unglaubliche 40 Millionen D-Mark an Werbekosten ließ sich die Telekom diese Volksumerziehung kosten. Aus »biederen Arbeitern und Angestellten« galt es Aktionäre und Anteilseigner zu machen – so jener neue Zeitgeist.[20]

Ganz und gar unmodern und wie ein Relikt für Zurückgebliebene wirkte praktisch über Nacht jenes bis dahin tradierte Leitbild, wonach es jeder über Arbeit und Fleiß zu etwas bringen wollen und können sollte. Neue Zeiten, so die neue Botschaft, böten neue Chancen. Jeder könne schon mit kleinem Spargroschen über die Börse zu Wohlstand, wenn nicht gar Reichtum gelangen.

Ein solches neues Aufstiegsversprechen schien auch bitter nötig, sollte das Volk bei Laune gehalten werden. Längst hatte das bundesrepublikanische Leistungsideal begonnen, sich zur Leistungsideologie zu wandeln. Längst mutierte Leistungsgerechtigkeit zur Wertelüge. Und längst dämmerte immer mehr Menschen, dass etwas faul war an den überkommenen Leistungsversprechen.

Leitbilder wie das des fleißigen Häuslebauers, des hart und verantwortlich arbeitenden mittelständischen Unternehmers oder des innerbetrieblichen Aufsteigers hatten den rheinischen Kapitalismus einst ideell zusammengehalten und die Menschen dazu gebracht, loyal zu ihm zu stehen. Diese Leitbilder waren passé. Häusle bauen ohne gutes Startkapital war nicht mehr drin, und dass allein Fleiß und Einsatz den Weg nach oben möglich machten, daran glaubten mittlerweile am wenigsten die Karrieristen selbst. Das Leistungsideal war immer schon brüchig. Auch in den goldenen Wirtschaftsjahren dieser Republik hatten Superreiche auf Sylt oder in St. Moritz ihren Reichtum und ihren leistungsfeindlichen Hedonismus schon zur Schau gestellt. Doch hatte dies kaum jemanden gestört. Man genoss es, beim Friseur oder beim Zahnarzt in der einschlägigen Klatschpresse über sie zu lesen. Immer schon gab es auch solche, die es trotz aller Anstrengung nicht schafften. Die waren dann aber, so glaubten die meisten zumindest, irgendwie selber Schuld.

Massenarbeitslosigkeit jedoch auf der einen Seite, wie es Anfang der 1990er der Fall war, und auf der anderen Seite Börsenzockerei und der Superreichtum einer neuen Managerelite – das wollte beim besten Willen nicht mehr mit irgendeinem Leistungsideal, geschweige denn mit Gerechtigkeit zusammenpassen. Und wo Leistungsbereitschaft als Garant wirtschaftlichen Erfolges und Reichtums offensichtlich nicht mehr zu vermitteln war, war es nun die Cleverness, die als neuer Schlüssel zum Aufstieg verkauft wurde. Die Verheißung: Auch der kleinste Spargroschen, clever und mutig eingesetzt, könne das ganz große Geld bringen.

Interessant, wie sich mit dem Leitbild auch die Sprache allmählich änderte. Vormals »übte man einen Beruf aus«, man »verdiente« sein Geld. Nun »machte man einen Job« und »machte Geld«. Die neuen neoliberalen Leitbilder begannen zu greifen. In dem Maße, in dem sie über spröde Theorie und abgeschottete politische Diskussionen hinaus sich in Sprache, Alltag, Lebensstile, Gewohnheiten und Kultur einzunisten begannen, wurde Neoliberalismus mehr und mehr zum neuen Zeitgeist.

Zuallererst fiel es mir auf meinen Reisen in den Bahnhofsbuchhandlungen auf. In den Zeitschriftenständern im Eingangsbereich, wo sonst immer Sportjournale oder Romanheftchen feilgeboten wurden, fanden sich plötzlich Fachzeitschriften für Börsen- und Aktienhandel. »Börsengurus«, von denen zuvor kaum ein Mensch gehört hatte, stiegen zu Bestsellerautoren auf und bevölkerten plötzlich unsere Fernsehmagazine und Nachrichtensendungen. Volkswirte großer Banken durften uns dort die Welt erklären und mit langweiligem Expertenhabitus für die meisten – Hand aufs Herz – völlig unverständliches Zeug erzählen. Börsenberichterstattung zur besten Sendezeit wurde genauso selbstverständlich wie das unvermeidliche »Wort zum Sonntag«. Sätze wie »Der Dow Jones schloss bei …« in den Abendnachrichten wurden mindestens so populär wie das sprichwörtliche »Amen« in der Kirche.

Der Bahn erging es in den 1990er nicht viel anders als der Telekommunikation. Sie hatte in Westdeutschland schon vor der Vereinigung mit wirtschaftlichen Problemen zu kämpfen. Nun kam die ehemalige Reichsbahn der DDR hinzu, zusammen mit einem enormen Investitionsbedarf. 1994 wurden Bundesbahn und Reichsbahn zur Bahn AG verschmolzen. Und nach nur einem Jahr zeigte die Aktiengesellschaft ihren Gönnern in der Politik bereits, wozu sie nun fähig war: »Kundenorientierung« war das neue Zauberwort. Mit einer »Kundenoffensive« sollten die guten alten Bahnen auf die Höhe der Zeit gebracht werden. In den Zugdurchsagen hieß es nicht mehr: »Wir bitten für die Verspätung um Verständnis« – was einen als Fahrgast in der Tat schon ziemlich auf die Palme brachte, sollten wir doch andauernd für etwas Verständnis aufbringen, ohne auch nur die kleinste Information zu erhalten, die uns vielleicht dazu hätte verhelfen können, tatsächlich zu verstehen, warum unser Zug schon wieder Verspätung hat, warum die Toilettenspülungen schon wieder versagten und die Heizung ebenfalls. Statt uns also weiterhin Verständnis abzuverlangen, entschuldigte sich die Bahn plötzlich: »Wir bitten für die Verspätung um Entschuldigung.« Nun kam der Zug zwar immer noch nicht pünktlicher, auch wurden wir nach wie vor völlig im Dunkeln gelassen darüber, welch höherer Gewalt wir jeweils unsere Verspätungen und Fahrtunterbrechungen zu verdanken hatten. Doch aufmerksamen und vorausschauenden Beobachtern war gleich klar: Dieser karge Euphemismus stand für nichts Geringeres als eine Kulturrevolution im Zugabteil. Es war die Verheißung einer Zeitenwende. Die Bahn, geradezu der Inbegriff amtlichen Staatsbetriebsgehabes, ging vor seinen Fahrgästen – zumindest sprachlich – auf die Knie und entschuldigte sich. Man war ab sofort nicht mehr Fahrgast, abhängig von und ausgeliefert an wortkarge, im Zweifel eher nörgelnde Bahnbeamte. Man war als Kunde umworben und umschmeichelt, und fing schon fast selbst an, an jene Marktmacht zu glauben, die uns die einschlägige Theorie vorzugaukeln bemühte.

Die Kundenoffensive der Bahn AG wurde damals mit einer Welle von Spott überschüttet. (Ähnlich viel Heiterkeit lösten lediglich spätere Versuche aus, das Berliner S-Bahn-Personal und Taxifahrer in den Fächern Freundlichkeit und Höflichkeit zu schulen.) Doch die Bahn AG blieb unbeirrbar bei ihrem neuen Wording: »Der Fahrgast ist Kunde und der Kunde ist bekanntermaßen ein König!« Und irgendwie fühlten sich nach einer Weile tatsächlich alle irgendwie besser mit ihren Verspätungen.

Zum echten Possenspiel geriet schließlich die Privatisierung der altehrwürdigen Bundesdruckerei. Bereits Ende des 19. Jahrhunderts wurde hier alles gedruckt, was ein Staat so an Papieren hervorbringt (sogar das erste Berliner Telefonbuch von 1880). Später waren es dann vornehmlich Geldnoten, Pässe, Führerscheine und Briefmarken. Dass diese Druckerei als Bundesbehörde betrieben wurde, leuchtet ein. Nicht nur die Fälschungssicherheit der Dokumente spielte dabei eine Rolle, auch das hohe Maß an sensiblen Personendaten, die hier etwa beim Druck von Ausweisen und Führerscheinen zusammenliefen, sowie schließlich die enorme Abhängigkeit von Staat und Wirtschaft auf die stets reibungslose Produktion, die man lieber nicht dem Spiel von Angebot und Nachfrage aussetzen wollte.

Mit der Wiedervereinigung ging es noch mal richtig rund in der Druckerei. Der Bedarf an D-Mark-Noten und Pässen der Bundesrepublik war enorm. Kaum war der Job jedoch erledigt, kam, was in dieser Markthysterie kommen musste. Eine Bundesbehörde war nicht mehr angesagt, stattdessen wurde eine GmbH gegründet. Raus aus den Amtsstuben, hinein in die Welt der Märkte und des unternehmerischen Erfolges. Alleingesellschafter wurde der Bund. Der Auftrag: Abläufe überprüfen und modernisieren. Aber auch: Geschäfte machen, Aufträge und Geld reinholen. Und wie man es von richtigen Unternehmern erwartet, wurden auch schnell Töchter gegründet. Die Gründung von Töchtern war schon immer ein bewährtes Rezept, um schnell unternehmerische Aktivität zu dokumentieren. Es ist zwar in vielen Fällen erst einmal nichts anderes als eine bloße Verheißung, aber genau darum geht es ja. Ob dann auch tatsächlich Aufträge und Gewinne folgen, ist oft eine ganz andere Frage. Doch ist die Gründung von Töchtern zweifelsfrei eine unternehmerische Aktivität vom Feinsten, die die Außenstehenden auf Anpacken, Planung und Strategie schließen lassen. Wenn am Ende die Mütter-Töchter-Beziehungen so verwoben sind, dass keiner mehr durchblickt, genießt man nicht nur den Nimbus des großen Managers, auch lassen sich schlechte Geschäftsergebnisse viel besser verschleiern. Doch das nur als ganz allgemeinen Exkurs. Der Bundesdruckerei ist dies alles natürlich überhaupt nicht zu unterstellen.

Wie auch immer: 1998 gründete die Bundesdruckerei GmbH die D-Trust GmbH, ein »Trustcenter« (eine Zertifizierungsstelle) für digitale Signaturen. Und 1999 wurde zur Akquise internationaler Geschäfte die Bundesdruckerei International Services GmbH gegründet, kurz BIS genannt (da schöne Akronyme mittlerweile ein Marketing-Muss waren).

Es war dann Finanzminister Hans Eichel, der aus der Umwandlung einer Behörde in eine GmbH eine echte Privatisierung machte, indem er die Bundesdruckerei ganz einfach verscherbelte: für eine Milliarde und ausgerechnet an eine jener Firmen, die einige Jahre später als Heuschrecken gebrandmarkt wurden[21], deren Manager jedoch zu diesen blauäugigen Zeiten neoliberaler Unbekümmertheit als die supererfolgreichen Zauberer schlechthin galten. Und weil man solche Zauberer bei Laune und gewogen halten musste, bekamen sie auch gleich noch den Exklusivvertrag zum Druck all der Banknoten und Ausweise, die die Bundesrepublik so benötigte.

Die gute, alte Bundesdruckerei landete mit anderen Firmen in einer Holding und erlitt genau das Schicksal, das Heuschrecken nun einmal so häufig bescheren: Nur zwei Jahre später stand sie mit einigen hundert Millionen Euro Schulden da und wurde zum symbolischen Preis von einem Euro an zwei Vermögensverwaltungsgesellschaften übertragen.

Zwischenzeitlich bekam man im Bundestag allerdings »kalte Füße«. Privatisierung schön und gut, dachte man sich, aber dass Millionen deutscher Personendaten nun unter Aufsicht irgendwelcher internationalen Investoren lagen, war schon etwas beunruhigend. 2009 kaufte die Bundesregierung die Bundesdruckerei daher schließlich wieder zurück – ein Lehrstück neoliberaler Scharlatanerie und politischer Verblendung.

Doch nicht nur die Bundesregierung privatisierte ihre Unternehmen, gründete Post, Bahn und Bundesdruckerei aus und verkaufte darüber hinaus ihre gesamten Lufthansaaktien. Auch vor Ort wollte man teilhaben an diesem vermeintlichen Aufbruch zu neuem Erfolg. Der Bund machte vor, wie moderne Politik aussehen sollte, warum also sollte man es in Städten und Gemeinden nicht genauso machen?

Die Auslagerung von städtischen Unternehmen – nach dem Motto »Raus aus dem Behördenmief, rein ins Geschäftsleben« – wurde zur Mode, war einfach angesagt.

Ob es im Einzelnen tatsächlich etwas einbrachte und ein wirtschaftliches Problem nachhaltig zu lösen vermochte oder nicht, schien nicht immer die entscheidende Rolle zu spielen. Wasserwerke und Elektrizitätswerke wurden verkauft, um mit dem schnellen Geld öffentliche Haushaltslöcher zu stopfen. Der Gedanke der Nachhaltigkeit erschöpfte sich dabei jedoch nicht selten in dem dürftigen neuen Glaubenssatz, wonach man nur endlich »richtige Unternehmer ranlassen« müsse, dann würden auch die marodesten Unternehmungen wieder profitabel. Komplexe ökonomische und gesellschaftliche Probleme wurden damit in einfache Probleme des Personals und der Mentalität umdefiniert. Voraussetzung war, dass man an das Mantra glauben wollte: »Lasst uns unser Schicksal in die Hände von Unternehmern legen. Alle werden wir sodann am neuen Wohlstand teilhaben.«[22]

Gutmenschen, Bedenkenträger und andere Kampfbegriffe

Der ganze Markt- und Unternehmerhype nahm quasi-religiöse Züge an, ging es doch im Wesentlichen um Hoffnung: In einer Situation, in der es wirtschaftlich nicht so recht vorangehen wollte und der Sozialstaat an seine Grenzen gelangt zu sein schien, erschienen plötzlich neue Hoffnungsträger. Zu Rettern in der Not wurden die vermeintlich dynamischen Unternehmertypen, zu »Genau-der-Schlag-den-wirbrauchen-Leute«. Die Autos in den ausgelagerten Unternehmen wurden größer, die Bezüge deutlich höher und die Anzüge und Aktentaschen der neuen Helden schicker.

So wie sich die Politiker hundert Jahre zuvor noch gern mit kirchlichen Würdenträgern zeigten, um sich von ihnen »höhere« Autorität zu leihen, war es nun politisch en vogue, sich – je öffentlicher, desto besser – mit Managern von Großkonzernen und Banken oder glanzvollen Unternehmerpersönlichkeiten zu umgeben. (Uli Hoeneß schaffte es auf diese Weise sogar bis in einen sogenannten »Beraterkreis« des damaligen Bundesfinanzministers Steinbrücks.)

Deregulierung, Marktwirtschaft und Preiswettbewerb hieß das neue Glaubensbekenntnis. Ganz ähnlich der Strategie, komplexe Sachprobleme auf Personalfragen und die Auswahl unternehmerischer Persönlichkeiten zu reduzieren, bediente auch dieser Dreisatz das Bedürfnis, auf komplizierte Fragen einfache, formelhafte Antworte zu erhalten. Er vermittelte das gute Gefühl, sich an irgendetwas festhalten zu können. Voraussetzung: Man musste schon daran glauben wollen.

Klischees und Vorurteile wurden in alle Richtungen bedient. Auf der einen Seite die Erfolgsmenschen, rendite- und gewinnorientiert, nicht unbedingt sympathisch, die man jedoch machen lassen müsse, damit am Ende für alle was abfiele (mich erinnert es immer an den berühmten Western »Die glorreichen Sieben« von John Sturges, in dem ein Dorf sieben gewalttätige Halunken anheuert, vor denen die Dorfbewohner sogar ängstlich ihre Töchter verstecken, die man aber zu brauchen glaubt, um mit ihrer Hilfe die Probleme des Dorfes zu lösen). Und auf der anderen Seite »die kleinen Leute« und biederen Beamtenseelen. Besonders Letztere mussten hilflos zusehen, wie sie quasi zu Ikonen der Unmoderne stilisiert wurden. Es war die Hochzeit der Beamtenwitze. Die Staatsdiener hatten angeblich die Zeit verschlafen, waren zu wenig dynamisch, weil überversorgt (gemäß dem neuen Menschenbild, wonach Versorgung bräsig macht), galten als die Bremsklötze der Nation, gerade noch brauchbar für eine halbwegs zuverlässige Verwaltung dieser Republik. Aber das war es dann auch schon.

Nun kann man das deutsche Beamtentum mit seinen Privilegien und seinem Für und Wider durchaus kritisch diskutieren, man muss es sogar. Doch gab es für eine differenzierte, nachdenkliche Argumentation keinen Platz mehr zwischen Schwarz und Weiß. Grautöne waren nicht mehr gefragt. Das Credo: Markt und Unternehmertum waren an sich gut, weil problemlösend und effizient; Staat und Beamtenschaft per se schlecht, weil teuer und ineffizient.

Wer nicht mitschwamm auf dieser Welle, der fand sich häufig diskreditiert und der Lächerlichkeit preisgegeben. Zweifelsfreie Tugenden, seit Jahrhunderten tradiert, wurden umdefiniert und ins Gegenteil verkehrt: Wem die Nöte von Menschen am Herzen lagen, wer Empathie zeigte, wer das menschliche Einzelschicksal bei all den Umwälzungen nicht aus dem Blick verlieren wollte oder wer gütig war, der sah sich plötzlich als hoffnungsloser »Gutmensch« vorgeführt – nette Leute, aber leider absolut aus der Zeit gefallen und nicht mehr brauchbar. Wer sich nachdenklich zeigte, wer sich seine ganz eigenen Gedanken machte und auch mal gegen den Stachel löckte, der wurde genauso plötzlich zum nervigen »Bedenkenträger«. Nachdenklichkeit bekam einen deutlich negativen, ja fast destruktiven Touch, wurde gleichgesetzt mit Nörgelei und Verbreitung schlechter Stimmung auf dieser großen Party des marktwirtschaftlichen Auf- und Durchbruchs.

Wer so schlecht über andere redete, hatte natürlich Motive. Dahinter steckte nichts anderes als die genauso gezielte wie interessengeleitete Diskreditierung und Diskriminierung Andersdenkender. Und es war darüber hinaus der in weiten Teilen durchaus gelungene Versuch, einen Altruismus, der die Legitimität des Eigennutzes in Frage stellt, ebenso aus dem gesellschaftlichen Diskurs zu verbannen wie die vertiefte Reflexion. Denn beides, Altruismus und Reflexion, hätte dem neoliberalen Durchmarsch durchaus gefährlich werden können.

Was jedoch vor allem störte und abgeräumt werden musste, war jener »nervige« Gerechtigkeitsbegriff. Hier lieferten die neoliberalen Wortverdreher ihr Meisterstück ab. »Sozialneid« war der neue Kampfbegriff der Privilegierten, der immer dort eingesetzt wurde, wo Ungerechtigkeit und Privilegien angeprangert wurden: In Wirklichkeit stecke ja nur Sozialneid dahinter, mehr nicht. In aller Regel folgte auf eine solche Beschimpfung nicht einmal mehr eine Begründung. Die war auch nicht nötig, denn der Begriff war einfach genial: Neid klingt nach Missgunst, einfach unsympathisch. Den Neider kann keiner leiden, und deshalb will auch keiner als solcher geoutet werden. Neider, so suggeriert das Wort, sind immer die Unterlegenen, die Habenichtse, die es zu nichts gebracht haben. Worauf sie neidisch sind, so der im Wort mitschwingende Vorwurf, sind nicht die Privilegien, die ein anderer genießt, sondern es ist in Wirklichkeit dessen Leistung. Neid klingt immer ungerechtfertigt, ja unmoralisch – immerhin zählt der Neid in der katholischen Kirche zu den dort verwalteten »Todsünden«.

Es war ein genialer rhetorischer Schachzug. Mit der Sozialneidkeule gelang es anfangs tatsächlich, viele Menschen einzuschüchtern und mundtot zu machen, die doch eigentlich nur Gerechtigkeit verlangten. Wer wollte, konnte es sich in zahllosen politischen Debatten und vor allem Talkshows ansehen. Es war ungeheuer dreist. Da setzten sich superreiche Millionäre und Milliardäre, darunter Großerben und Börsenzocker, flankiert von Wissenschaftlern und Journalisten in öffentliche Diskussionsrunden und erklärten Menschen, die für kleines Geld hart arbeiten müssen, sie dürften aber nicht neidisch sein. Und das Verrückte daran ist: Es funktionierte. Kaum jemand wollte sich dem Vorwurf des Neides aussetzen. Es dauerte lange, bis sich »Gutmenschen« und »Bedenkenträger« endlich zur Wehr setzten und diese rhetorische Figur offensiv als das entlarvten, was sie war: Nichts anderes als ein frecher und hinterhältiger Kniff, um Kritiker und ihre Forderungen nach sozialer Gerechtigkeit und sozialem Ausgleich gleichermaßen schlecht zu machen. Erst im Bundestagswahlkampf 2013 gingen sie endlich zum Angriff über: Wenn hart arbeitende Menschen mit dennoch geringem Einkommen sehen müssen, wie andere in einem Jahr nach Hause tragen, was sie in ihrem ganzen Leben niemals werden verdienen können, dann sei Neid doch wohl mehr als gerechtfertigt, moralisch in Ordnung und nichts anderes als Ausdruck eines zum Glück noch funktionierenden Gerechtigkeitsempfindens.

Neue Hohepriester und glücklose Tippgemeinschaften

Der Blick in die Zukunft ist sozusagen die Königsdisziplin des Metaphysischen. Jeder Glaube hat seine Propheten, Orakel, Kaffeesätze, Oktopusse oder was auch immer. Ihre Macht ist immer genau so groß, wie der Glaube tief ist. Skeptische Anfragen werden in der Regel als Sakrileg geschmäht, Kritiker diskreditiert. (In früheren Zeiten machte man noch viel schlimmere Sachen mit ihnen.) Nicht anders verhält es sich auch mit dem neuen ökonomistischen Zeitgeist. Dessen weitgehende Substanzleere und Irrationalität entlarvt sich kaum irgendwo anschaulicher als im Umgang mit seiner »Hohepriesterschaft«: dem »Sachverständigenrat zur Begutachtung der wirtschaftlichen Entwicklung«. Es lohnt sich, ihm und seinen Inszenierungen kurz etwas Aufmerksamkeit zu schenken.

Schon 1963 wurde dieser Rat eingerichtet, der die Bundesregierung künftig in allen wichtigen wirtschaftlichen Fragen beraten sollte. Und damit auch ganz klar wurde, dass es sich hier nicht um irgendeinen Feld-, Wald- und Wiesenausschuss handelt, wurden die fünf Mitglieder dieses erlauchten Kreises von Beginn an nicht durch die Bundesregierung, sondern durch den Bundespräsidenten gar selbst berufen – für jeden der vierzig Wissenschaftler, denen dieses Glück bisher widerfuhr, gleichsam ein Ruf auf den volkswirtschaftlichen Olymp.[23] Wie beim antiken Orakel von Delphi herrschen auch hier feste Rituale. Zweimal im Jahr spricht er zum Volke: in jedem November, wenn er seine Prognose für das laufende und das kommende Jahr vorlegt, und im März, wenn er sie wieder korrigiert. Da »Korrektur« allerdings ein schäbiges Wort ist, das schon sehr nach »falsch« und »Fehler« klingt, spricht der Rat lieber von »Aktualisierung«.

Die Professorenrunde rechnet, trägt Statistiken zusammen, schaut in die Zukunft, gibt Einschätzungen und vor allem natürlich Ratschläge, jede Menge Ratschläge. (Auch diese Eigenschaft teilt sie sich übrigens mit berühmten antiken Vorläuferinnen wie Pythia oder Kassandra.) Spätestens seit Mitte der 1970er Jahre darf der Rat dabei als treuer Sachwalter von Wirtschafts- und Unternehmensinteressen gelten, als Gralshüter angebotsorientierter Wirtschaftspolitik, der seitdem genauso zuverlässig wie beständig und gelegentlich schon ermüdend nach einem immer schlankeren Staat und permanenter Deregulierung ruft.

In ihrem Jahresgutachten 1975, auf dem Tiefpunkt der damaligen Wirtschaftskrise, schockierten die Auserwählten erstmals mit der bangen Frage »Marktwirtschaft am Ende?«. Wachstum und Arbeitsplätze hingen von Investitionen ab, belehrten sie damals Kanzler Helmut Schmidt, und diese wiederum gingen auf Renditeerwartungen zurück. So einfach sei das. Eine »maßvolle Lohnpolitik« forderten sie deshalb von den Gewerkschaften. Und vom Staat verlangten sie nichts Geringeres als eine »Generalrevision«, ein klares Bekenntnis zu einem neoliberalen Staatsverständnis, wie man es heute nennen würde. Sämtliche Aufgaben seien daraufhin zu überprüfen, ob sie wirklich durch den Staat erbracht werden müssten.

Schon damals beschränkte sich der Sachverständigenrat dabei keinesfalls auf Ökonomie im engeren Sinne, sondern lieferte die passenden sozialpsychologischen Versatzstücke des Neoliberalismus gleich mit. Lustig ist auch die aus heutiger Sicht geradezu lyrisch anmutende Sprache dieser Gutachten. Wie Poesie klang es damals noch, wenn die Volkswirte beispielsweise über einen Staat sinnierten, der sich geradezu gegen die Natur verhalte, wenn er ...

»... in ausgreifend genutzter Allzuständigkeit,

begünstigend hier, hemmend dort,

meist mit neuen und zu komplizierten Regelwerken,

allemal im Ganzen die Last der Abgaben und Auflagen erhöhend,

sich auf die Tatkraft des Einzelnen legt

und vielleicht diejenigen zu stark bedrückt,

die etwas aufspüren,

etwas wagen,

etwas unternehmen wollen,

nun aber sehen müssen,

dass zumindest für sie

der moderne Staat nicht hilfreich ist,

weil er den Abstand künstlich vergrößert,

den die Natur zwischen die Pläne eines Menschen

und deren Verwirklichung gelegt hat.«[24]

Da hat man den Professor doch direkt vor Augen, wie er gedankenverloren, sein Haupt mit breitkrempigem Strohhut vor der Sonne schützend, über Wiesen und durch Wälder streift, sorgenvoll, aber ganz eins mit Natur und Markt ...

Fast mit jedem Jahresgutachten beteten sie von nun an das Mantra von den notwendigen Ausgabenkürzungen und den großen Gefahren, die von der Sozialpolitik für die Wirtschaft ausgingen. Überall schienen sie zu lauern.[25]

Jedes der Novembergutachten enthält dabei einen für Medien und Öffentlichkeit, aber auch für Politiker entscheidenden Schlüsselsatz. Wen interessieren schon ernsthaft die hunderten von Seiten, anfangs schon mal eher lyrisch, später durchgängig in sperrigem Automatendeutsch. Wen interessieren tatsächlich die Zahlenkolonnen und vielen methodischen Hinweise bis hin zu Ausführungen über »Prognoserisiken« (die in den Gutachten selbstverständlicher- und redlicherweise nicht fehlen dürfen) oder »disaggregierte Verfahrensfragen«. Nein, in Wirklichkeit geht es nur um den einen Satz, auf den alle warten, den alle suchen in dem Geschreibe und der übers Land verkündet wird, auf dass die Menschen wissen mögen, was sie erwartet: die Prophezeiung, die Vorhersage des Bruttoinlandproduktes für das nächste Jahr.

Viel verrät die Formulierung, die Sprache dieses einen Satzes über Status, Selbstverständnis und über das ohnehin nie mangelnde Selbstbewusstsein der Professorenrunde. Er wurde im Laufe der Jahre immer klarer und einfacher, aus akademischer Sicht skrupelloser, weil zugespitzter und vor allem suggestiv verheißungsvoller im wahrsten Sinne des Wortes. Bis Mitte der 1990er Jahre waren die Vorhersagen sprachlich noch sehr zurückgenommen, geradezu konjunktivisch, fast verzagt. Nicht selten klangen sie so:

»In der Prognose haben wir angenommen, dass in den alten Bundesländern das Bruttoinlandsprodukt am Jahresende 1994 nicht höher sein wird als am Jahresende 1993; für den Durchschnitt des Jahres weist unser Tableau ebenfalls keine Veränderung gegenüber 1993 aus. Wir betonen aber noch einmal, dass wir uns mit der Prognose nicht auf der sicheren Seite wähnen. Es kann durchaus sein, dass die Produktion früher wieder anzieht, als wir es erwarten, aber es kann auch sein, dass sie zwischenzeitlich noch einmal zurückfällt.«[26]

So seriös derlei Relativierungen auch waren, so richtig aus dem Fach »Vision und Prophetie« war das noch nicht. Man stelle sich vor, das Orakel von Delphi hätte weiland dem lydischen König Krösus die berühmte Prophezeiung zum Untergang seines Reiches in Worten eröffnet wie: »Wenn Krösus den Halys überschreitet, wird er gegebenenfalls ein großes Reich zerstören. Ich betone aber, dass ich mich mit dieser Prophezeiung – zugedröhnt, wie ich hier über meiner Felsspalte auf meinem Dreibein hocke – nicht auf der sicheren Seite wähne. Es kann durchaus sein, dass sich beide Armeen wieder zurückziehen und gar nichts passiert.« Oder das Orakel hätte zu Pyrrhos (sozusagen der Erfinder der gleichnamigen Siege) gesprochen: »Du wirst gehen und möglicherweise niemals zurückkehren; in Kriegen wirst du vielleicht sogar umkommen; aber selbstverständlich nur, wenn du überhaupt welche führst.«

Völlig daneben also. Doch der Club der Weisen lernte (wenn auch sehr langsam). Jahr für Jahr entsprach er etwas mehr den Bedürfnissen und Erwartungen, die Politik und Öffentlichkeit an ihn hatten, die geblendet werden wollten, die klare Prophezeiungen wünschten und keine »Vielleicht-vielleicht-aber-auch-nicht-Wissenschaft«. Gleichwohl blieb die 1996er-Vorhersage noch sehr weit von einer guten Prophezeiung entfernt:

»Die gesamtwirtschaftliche Produktion (Bruttoinlandsprodukt) wird nach unseren Schätzungen in Gesamtdeutschland im Verlauf des nächsten Jahres (...) wieder rascher expandieren als in diesem Jahr, und das drückt sich auch in unterschiedli chen Zuwachsraten von 2 1/2 vH für 1996 gegenüber 1 1/2 vH für 1995 aus.«[27]

Kein Mensch will Schätzungen. »Schätzen« klingt immer irgendwie nach »Raten«. Gewissheiten sind gefragt. Ein bisschen besser wurde es im Jahr darauf. Statt von »Schätzungen« war jetzt wenigstens von »Rechnungen« die Rede.[28] Optimal war das allerdings noch nicht. Denn wo gerechnet wird, kann man sich ja auch verrechnen ... 1997 hatten sie aber den Dreh raus. Nichts von Schätzungen, nichts von Rechnungen. Alle wissenschaftlich-sprachlichen Skrupel abgelegt, wird zweifelsfrei konstatiert:

»Somit wird die gesamtwirtschaftliche Produktion im Verlauf des nächsten Jahres in ähnlichem Tempo expandieren wie in diesem Jahr – d.h. mit einer Rate von knapp 3 vH.«[29]

Knappe, klare Setzung, klare Ansage, klare Sicht. Willkommen in der Gilde der Seher und Vorhersager. Und so ging es in den nächsten drei Jahren weiter:

»Die gesamtwirtschaftliche Produktion wird mit einer Rate von knapp 2 vH expandieren.«[30]

»Die gesamtwirtschaftliche Produktion wird im Durchschnitt des nächsten Jahres um 2,7 vH zunehmen nach nur 1,4 vH im Durchschnitt diesen Jahres.«[31]

»Alles zusammengenommen wird das reale Bruttoinlandsprodukt im Jahre 2001 um 2,8 vH steigen, nach einer Zunahme um 3,0 vH in diesem Jahr.«[32]

Und da der Textbaustein schon einmal da war:

»Alles zusammengenommen wird das reale Bruttoinlandsprodukt im Jahre 2002 um 0,7 vH steigen, nach einer Zunahme um 0,6 vH in diesem Jahr.«[33]

Und es ging sogar noch etwas besser. Auch auf das Futur glaubte man nunmehr verzichten zu können.

»Das Bruttoinlandsprodukt steigt im Jahr 2006 um 1,0 vH.«[34]

»Das Bruttoinlandsprodukt steigt im Jahr 2007 um 1,8 vH.«[35]

Besser kann man Gewissheit gar nicht suggerieren. Dann jedoch, 2007, der Absturz des Ikarus:

»Vor diesem Hintergrund und auf Basis der bis Ende Oktober 2007 vorliegenden Daten und Prognoseannahmen (…) wird das Bruttoinlandsprodukt im Jahr 2008 um 1,9 vH zulegen.«[36]

»Vor dem Hintergrund«, »auf der Basis«, »wird« … Was war passiert? Es war die geplatzte Immobilienblase in den USA. Sie ließ im August 2007 nicht nur die Börsenkurse taumeln, sondern offensichtlich auch unsere Prognostiker. (Schon für 2006 hatte man alles andere als einen Volltreffer hingelegt. Prognostiziert waren 1,0 Prozent, tatsächlich wurden es 3,7 Prozent.)

In der großen Wirtschafts- und Finanzkrise sollte es noch schlimmer kommen – ökonomisch und sprachlich. Das Orakel hatte Nullwachstum prophezeit. Tatsächlich brach die Konjunktur völlig ein: minus 5 Prozent. Wie mächtig das

am Selbstbewusstsein unserer volkswirtschaftswissen-
schaftlichen Elite gekratzt haben muss, darüber gibt die
neuerliche Prognose beredt Auskunft:

»Im Jahr 2009 ist es zu einem extremen Rückgang des Bruttoinlandsprodukts um 5,0 vH gekommen. Entscheidend geprägt wurde dieses Ergebnis durch einen statistischen Unterhang von 2,1 vH aus dem Jahr 2008 sowie vom verschärften
Einbruch der Wirtschaftsleistung im ersten Quartal 2009 in
Höhe von 3,5 vH gegenüber dem Vorquartal. (...) Zusammen
mit dem sich für das laufende Jahr ergebenden Überhang von
0,7 vH resultiert die wenig dynamische Aufwärtsbewegung in
einer erwarteten Zuwachsrate des Bruttoinlandsprodukts von
1,6 vH im Jahr 2010 (...).«[37]

»Statistischer Unterhang«, »Überhang«, »erwartete Zuwachsrate« – welch ein Jammer! Schauen wir in die folgen-
den Gutachten, so kommen wir zu dem traurigen Befund,
dass sich die Prognostiker von der tiefen Rezession 2009
sprachlich nie mehr wieder ganz erholt haben. Nie mehr
sollte es werden wie früher. Das Bohei, das von Jahr zu Jahr
um die Übergabe des Gutachtens gemacht wird, und der
Nimbus der zu »Wirtschaftsweisen« hochstilisierten Bera-
tergruppe waren in der Sache aber ohnehin niemals gerechtfertigt, lag die Elite unserer Wirtschaftsforscher mit ihren Voraussagen doch in der Tat regelmäßig ziemlich
daneben.

Allein unter den letzten zehn überprüfbaren Prognosen
findet sich nicht ein einziger Treffer. Und selbst, wenn man
nicht kleinlich ist, kann man gerade zwei Mal (nämlich für
2004 und 2012) davon sprechen, dass wenigstens das Ziel-

Prognosen des Sachverständigenrates zur Entwicklung des preisbereinigten Bruttoinlandsprodukts des Folgejahres und tatsächliches Ergebnis 2003 bis 2012

Jahr	Prognose	Ist
2003	1,0	−0,4
2004	1,5	1,2
2005	1,4	0,7
2006	1,0	3,7
2007	1,8	3,3
2008	1,9	1,1
2009	0	−5,1
2010	1,6	4,0
2011	2,2	3,3
2012	0,9	0,7

Quelle: Jahresgutachten des Sachverständigenrates 2002/2003 bis 2011/2012

gebiet erreicht wurde. Besonders eklatant war das Versagen unter anderem in den Krisenjahren 2003 und 2009. Krisen können die Sachverständigen offenbar gar nicht ...

Es ist schon erstaunlich: Obwohl der Sachverständigenrat fast jedes Jahr den Nachweis erbringt, dass er das nächste Wirtschaftsjahr nicht auch nur annähernd zu prognostizieren vermag, genießen die entsprechenden Forschungsinstitute und Universitäten höchstes Renommee und es werden Millionen Euro für diese Gutachten ausgegeben. Allein der Sachverständigenrat mit seinen falschen

Prognosen kostet den Steuerzahler über zwei Millionen Euro im Jahr. Außerdem gibt es noch die Gemeinschaftsgutachten der Forschungsinstitute, die in jedem Frühjahr und in jedem Herbst vorgelegt werden. Ihre Trefferquote ist kein bisschen besser als die der anderen glücklosen Tippgemeinschaft. Den Steuerzahler kostet es noch einmal fast eineinhalb Millionen Euro. Dagegen dürfte das Orakel von Delphi eine vergleichsweise preiswerte Angelegenheit gewesen sein.

Der regelmäßige Irrtum der Institute ist offensichtlich bereits zur institutionalisierten und nicht mehr hinterfragten Gewohnheit geworden. Zuverlässig wie der Wechsel der Jahreszeiten folgen der Prognose die Korrektur der Prognose und die Korrektur der Korrektur der Prognose. »Ich glaube denen kein Wort. Wenn man frühere Prognosen mit der eingetretenen Realität vergleicht, merkt man recht schnell, dass diese sogenannten Weisen vor allem viel heiße Luft produzieren«, schimpfte der damalige und mittlerweile verstorbene Chef der SPD-Bundestagsfraktion Peter Struck im November 2008 in der Zeitschrift *Superillu*.[38] Ein kurzes, verhaltenes Rauschen im Blätterwald, dann wieder Ruhe. Niemand wollte die Vorlage aufgreifen und in die Diskussion einsteigen. Struck sei ja nur sauer, dass die Weisen entgegen dem Kurs der Bundesregierung ein üppiges Konjunkturpaket forderten, munkelte man hinter vorgehaltener Hand …

Als der Präsident des Deutschen Instituts für Wirtschaftsforschung (DIW), Klaus Zimmermann, einen Monat später nachlegte und vorschlug, mal für eine gewisse Zeit auf die Veröffentlichung von Prognosen zu verzichten, da man in Krisenzeiten die Konjunktur ohnehin nicht seriös vorhersagen könne, erntete er einen Sturm des Protestes aus der

Zunft. Zimmermann sei ja nur sauer, weil sein Institut nicht mehr beim Gemeinschaftsgutachten der »führenden Wirtschaftsinstitute« mitspielen dürfe.[39] (Er wurde von der Bundesregierung sozusagen vom Vorgebirge des Olymps gestoßen.) Und ohnehin seien die Prognosen des DIW in letzter Zeit »Substandard« gewesen.[40] Wie gesagt: Wer sich offen auflehnt, muss mit ebenso offener Diskreditierung rechnen.

»Aber er hat ja gar nichts an«, ruft das Kind in Hans Christian Andersens Märchen »Des Kaisers neue Kleider«, und am Ende erkennt das auch das ganze Volk. Doch scheint bei uns niemand rufen zu wollen. Ganz im Gegenteil: Manches Mal ist den Menschen ein Scharlatan offenbar lieber als gar nichts. Hauptsache, man findet Halt, und sei er noch so wenig belastbar und trügerisch. Ein ganzes Glaubensgebäude würde zusammenbrechen, hielte tatsächlich Aufklärung Einzug; und zwar immerhin eines, auf dessen Grundlage so gut wie alle öffentlich relevanten Entscheidungen getroffen werden, von Haushaltsplanungen bis zur Arbeitsmarkt- und Sozialpolitik. Anschein und Habitus der Rationalität politischen Handelns wären im Nu dahin – und zwar ersatzlos. Es ist das Wissen um diese irrationale Abhängigkeit, die alle dazu bewegt, mitzuspielen und sich Illusionen hinzugeben.

Nur so ist auch zu erklären, dass selbst dann, wenn die Sachverständigen höchstselbst befinden, dass sie nachweislich nicht wissen, wie das nächste Jahr wird, es offenbar gar keiner hören will. So im Gutachten 2011/2012:

»Unsicherheit liegt im Wesen einer jeden Prognose. (...) Ein Weg, um mit der Unsicherheit wissenschaftlich gestützter Prognosen umzugehen, liegt im Ausweis von Prognoseintervallen. Dies lässt sich beispielhaft an den Prognosefehlern des Sachverständigenrates für den Zeitraum der Jahre von 1980 bis 2010 verdeutlichen: So reicht das 60-Prozent-Intervall der Prognoseunsicherheit des Jahres 2011 von 2,6 vH bis 3,4 vH, und für das weiter entfernte Jahr 2012 liegt es zwischen −0,4 vH bis 2,2 vH.«[41]

Was uns unsere Rechenkünstler damit vorsichtig zu verstehen geben wollen: Zwar haben sie für 2012 einen Zuwachs des Bruttoinlandsprodukts von 0,9 Prozent prognostiziert. Unter Berücksichtigung der Tatsache jedoch, dass man in der Vergangenheit eigentlich so gut wie immer und zum Teil sehr kräftig danebenlag, kann das Wirtschaftswachstum 2012 aber auch ganz woanders liegen, nämlich zwischen −0,4 und +2,2 Prozent, also irgendwo zwischen Rezession und ganz kräftigem Aufschwung. Aber: »Diese Aussagen sind jedoch für die wirtschaftspolitische Analyse nur bedingt hilfreich ...«[42] Genau so dürfte es die geneigte Kundschaft wohl auch gesehen haben.

Die Ökonomisierung des Sozialen

Von Eroberungen, Preiskampf und der Geburt der Minutenpflege

Es waren nicht nur Bahn, Post, Bundesdruckerei und kommunale Betriebe, die ab Mitte der 1990er Jahre umgekrempelt wurden. Es passte einfach in die Zeit und zur Marktgläubigkeit, dass politisch dafür gesorgt wurde, dass auch weite Teile der Wohlfahrtspflege freigeräumt wurden für private Unternehmer und Firmen, die hier ihre Geschäfte und Gewinne machen wollten. Das trojanische Pferd, das der Wohlfahrtspflege vor ihre Mauern gestellt wurde, hieß Pflegeversicherung.

Mitte der 1990er, sozusagen am Vorabend der Einführung der Pflegeversicherung, waren bereits 680 000 pflegebedürftige Menschen auf Sozialhilfe angewiesen, weil sie die Kosten für die Pflege nicht bezahlen konnten – Tendenz steigend. Es könne nicht angehen, so die einhellige Meinung, dass Menschen nach einem harten Arbeitsleben im Alter zu Taschengeldempfängern der Sozialämter würden. Und es könne ebenso wenig angehen, dass dafür mal wieder allein die Kommunen aufkommen müssten, war zumindest Meinung der für die Sozialhilfe zuständigen Städte und Gemeinden. Die Pflegeversicherung kam und brachte erst einmal eine gewisse Entlastung. Die Zahl der Menschen, die auf Hilfe zur Pflege der Sozialämter angewiesen waren, fiel sofort auf 270 000 (und ist nebenbei bemerkt bis heute wieder auf 470 000 angestiegen – Tendenz steigend).

Was von Laien kaum wahrgenommen, aber nebenbei gleich miterledigt wurde, war nicht mehr und nicht weniger als die komplette Neuordnung des Bereichs Pflege und ihre Ausrichtung an den Gesetzen gewinnorientierten Wirtschaftens. Denn das war die Voraussetzung dafür, dass auch in der Pflege endlich »die richtigen Unternehmer rangelassen« werden konnten (und dass Gewinne aus der Pflege in private Taschen fließen konnten).[1]

Bis dahin war Pflege noch allein Sache der nicht gewinnorientierten gemeinnützigen Verbände und ihrer Einrichtungen. Dieser Schutz der Pflege vor Gewinninteressen wurde mit der Pflegeversicherung nun abgeschafft. Man muss wissen: Wer von den Finanzbehörden den Status der Gemeinnützigkeit erhält, muss auch tatsächlich Gemeinnütziges tun und darf sein Geld nur für ebendiesen gemeinnützigen Zweck ausgeben – sei es Erziehung, Pflege, die Integration von Menschen mit Behinderung oder was auch immer. Er darf nicht beliebig Überschüsse anhäufen. Die Finanzämter schauen mit Argusaugen auf sogenannte Rücklagen und Rückstellungen. Werden Überschüsse erwirtschaftet, müssen sie grundsätzlich ebenfalls über kurz oder lang wieder für den guten Zweck verausgabt werden. Am wichtigsten jedoch: Es können keine Gewinne privat entnommen werden. Auch ist es untersagt, »unverhältnismäßig« hohe Vergütungen an Angestellte zu leisten, sprich: privater Bereicherung auf diesem Weg Vorschub zu leisten. Wer richtig Geld machen will, muss sich schon ein anderes Feld als die gemeinnützige Wohlfahrt suchen.

Mit der Pflegeversicherung sollte es nun jedoch auch gewerblichen, gewinnorientierten Unternehmen möglich sein, ihre Dienste anzubieten. Und da der Markt in der Pflege offenbar gute Geschäfte versprach, taten sie es mit großem Elan. In der ambulanten Pflege von Menschen, die in ihrer eigenen Wohnung leben, begriffen allerdings auch viele angestellte Pflegekräfte selbst diese Öffnung als Chance, sich selbständig zu machen, bezahlten aber nicht selten mit Selbstausbeutung und Arbeit über Gebühr, um mit den gezahlten Entgelten über die Runden zu kommen.[2]

Ganz anders sah das bei den wirtschaftlich wesentlich interessanteren Pflegeheimen aus. Große Ketten und Konzerne, darunter reichlich Aktiengesellschaften, drängten auf den neuen Markt, Fonds sammelten Geld der Sparer ein und versprachen kräftige und krisensichere Renditen, wenn sie in Seniorenresidenzen, Ruhesitze und Pflegeheime investierten. Bürgermeister und Landräte freuten sich, denn die Fonds und AGs und gewerblichen GmbHs brachten erst mal Geld mit. Dass Investoren irgendwann einmal die versprochenen Renditen sehen wollen und dass derart gewinnorientierte Geschäftsmodelle – im Unterschied zum gemeinnützigen Sektor – allesamt darauf abzielen, über kurz oder lang Geld aus der Pflege in private Taschen abfließen zu lassen, war für die Politik kein ernsthaftes Thema. Dem neuen Glauben nach sollten erst mal alle verdienen, am Ende würden dann auch die Pflegebedürftigen in den Heimen davon profitieren, wegen Wettbewerb und überhaupt ...

Es war, als wäre eine Mauer eingerissen oder eine Schleuse geöffnet worden: 1996 trat die Pflegeversicherung in Kraft. Zwei Jahre später hielten die gewinnorientierten, gewerblichen Anbieter auf diesem neuen Milliardenmarkt, der die Pflegeheime plötzlich geworden waren, bereits einen Anteil von 36 Prozent.

Entscheidend für diese rasante Entwicklung war ein zweiter Aspekt, den die Pflegeversicherung konsequenterweise bescherte: die Abkehr vom sogenannten Selbstkostendeckungsprinzip in der Pflege. Dieses 27-Buchstaben-Wort meinte bis dahin sehr vereinfacht, dass für die Pflege das gezahlt wird, was sie braucht. Und auch *nur* das, was sie braucht – Überschüsse und Gewinne waren nicht vorgesehen. Sogenannte Pflegesätze, die die Einrichtungen bekamen und mit der die Pflege finanziert wurde, wurden anhand der im Vorjahr angefallenen Kosten berechnet. Ein neuer Pflegesatz wurde beantragt, wenn der alte die laufenden Kosten nicht mehr abdeckte. Das Heim musste alle Kosten, die für den Pflegesatz relevant waren, nachweisen.

Die Marktapologeten attackierten dieses marktferne System nun mit dem Vorwurf, es lade zur Selbstbedienung ein und treibe die Kosten in die Höhe. Vom wirklichen Leben war diese Vorstellung allerdings weit entfernt. Über die Kosten, die die Heime geltend machten, ließ sich nämlich ganz trefflich streiten. Um jeden Pfennig musste mit den Sozialämtern gefeilscht werden. Nicht ohne Grund hieß es Pflegesatzverhandlungen und nicht Pflegesatzermittlung – das war alles andere als eine gemütliche Veranstaltung. Gelegentlich war denn auch das Verhandlungsergebnis trotz aller sogenannten Selbstkostendeckungsphilosophie (31 Buchstaben!) kaum auskömmlich. Für Überschüsse und Gewinne war in diesem System prinzipiell gar kein Raum, da die einzelnen Kostenbestandteile ja auf Heller und Pfennig nachgewiesen werden mussten. Für gewinnorientierte

Unternehmen gab es folglich nicht wirklich was zu holen. Und da erst die Rendite der Motor des Marktgeschehens ist, war das ganze System alles andere als marktgängig.

Also musste auch hier etwas Neues, Marktkonformes her. Das Selbstkostenblatt landete im Papierkorb und auf den Tisch kamen sogenannte Leistungsentgelte oder, einfacher ausgedrückt, Preise, die ausgehandelt wurden. Nach der neuen Lesart war es – wie ja im ganz »normalen« Wirtschaftsleben auch – (eigentlich) Sache des Anbieters, einen Preis zu kalkulieren, der für ihn auskömmlich war. Und es lag beim Abnehmer, diesen Preis zu akzeptieren oder auch nicht. Kostenbestandteile wie Lohnkosten oder Pachtaufwendungen können dabei ein Verkaufsargument sein, um den Preis akzeptabel zu machen, mehr aber auch nicht. (Wenn der Bäcker klagt, dass die Brötchen eigentlich teurer werden müssten, weil die Energiekosten gestiegen seien, so interessiert das Warum den Kunden ja auch nicht wirklich. Allein der Preis zählt.) Hat man sich schließlich auf einen Preis geeinigt, ist es – auch hier folgte man der Marktlogik – allein Sache des Anbieters, wie er mit dem Geld hinkommt. Oder anders ausgedrückt: wie die Pflege aussieht.

Mit dieser Umstellung von der Philosophie des Kostenersatzes auf die Philosophie des Preises wurde überhaupt erst ganz grundsätzlich die Möglichkeit geschaffen, ohne irgendwelche Tricks Gewinne in und mit der Pflege zu erwirtschaften. Um jedoch das Ganze nicht skrupellos ausufern zu lassen – immerhin geht es ja um pflegebedürftige Menschen und nicht um Kaugummis oder Regenschirme –, folgten die Auflagen für die Einrichtungen in Richtung Mindestqualität und Transparenz auf dem Fuße, von Qualifikationsanforderungen an das Personal bis zu besagten

Schulnoten für die Pflegeeinrichtungen als Ganzes. Allerdings mit sehr mäßigem Erfolg, da mit all der Transparenz und all den Auflagen das entscheidende Problem nicht eingefangen wurde: Menschenwürdige Pflege braucht vor allem Zeit.

In der ambulanten Pflege einigte man sich auf sogenannte Leistungskomplexe, die von der »kleinen Wäsche« bis zur »Hilfe zur Nahrungsaufnahme« reichten und mit Preisen unterlegt wurden. Indem dabei der Faktor Zeit erst einmal nicht mehr auftauchte und man es sozusagen mit Festpreisen zu tun hatte, glaubten nicht wenige, damit tatsächlich ihr Geld machen zu können – wenn sie halt nur schnell genug seien. Das war ein fataler Irrglaube, für den die Mitarbeiter der ambulanten Dienste und vor allem die pflegebedürftigen Menschen seitdem büßen müssen.[3]

Zwar stand im Pflegeversicherungsgesetz von Anfang an, die Vergütung der Pflegedienste müsse »leistungsgerecht« erfolgen, sprich die Preise müssen für den Pflegedienst bei ordentlicher Betriebsführung auskömmlich sein. Doch sollten die Kosten bei der Preisfindung – ganz dem Marktgedanken folgend – ja keine Rolle mehr spielen. Und die Pflegekassen verhandelten knallhart. Was sich danach öffnete, war eine Kosten-Preis-Schere: Die Vergütungen hielten mit den Kosten nicht mit. Ein Teil des Drucks konnte noch durch eine bessere Organisation abgefangen werden, aber letztlich lagen die Stellschrauben bei den Personalkosten, Stichwort Arbeitsverdichtung. Pausen wurden ebenso gekürzt wie Wegezeiten oder die Zeit für Dienstbesprechungen. Letztlich aber lief alles auf eine Verknappung der Zeit für die Pflege und damit für den pflegebedürftigen Menschen selbst hinaus.

2009 befand daher das Bundessozialgericht, dass neben dem Marktpreis auch (wieder) die voraussichtlichen Kosten zur Aufrechterhaltung der Pflege für die Vergütung des Pflegedienstes maßgeblich sein sollten.[4] Vor allem dem Druck der Pflegekassen in Richtung Lohndumping wollte das Gericht einen Riegel vorschieben: Tarifbindungen der Dienste seien ebenso zu berücksichtigen wie die Zahlung ortsüblicher Gehälter. Das vernichtende Gesamturteil des obersten Sozialgerichtes: » ... die ursprünglichen Erwartungen des Gesetzgebers an ein wettbewerbsorientiertes Leistungserbringungsrecht (haben sich) nicht wie gewünscht bestätigt.«

Im Grunde ein Schlag ins Gesicht der Wettbewerbs- und Marktapologeten. Leider aber auch nicht mehr als das. Denn dass bei diesem marktwirtschaftlichen Eiertanz nun wieder die Kosten eine stärkere Rolle bei den Vergütungsverhandlungen spielen sollten, blieb im Wesentlichen ein frommer Wunsch einiger einsichtiger Richter. Um sich über die notwendigen Kosten einig zu werden, muss zuallererst Einigkeit darüber bestehen, wie viel Zeit durchschnittlich für die Pflegeleistung aufzubringen ist, etwa für die Wäsche oder das Umbetten. Und darüber lässt sich, wenn einem die Qualität der Pflege nicht so wichtig sein sollte, endlos streiten. Das heißt: »Auf Zeit spielen« ist möglich. Denn solange gestritten wird, profitiert der Kostenträger, also die Sozialämter, die für hunderttausende Pflegebedürftige aufkommen müssen, und die Pflegekassen, deren Leistungssystem erheblich unter Druck geriete, wenn angemessene Vergütungen gezahlt werden müssten.

Wie brutal mittlerweile der Kostendruck ist, macht ein einfacher Vergleich von Kostensteigerungen für die ambulanten Pflegedienste auf der einen Seite und den von den Kassen akzeptierten Vergütungssätzen auf der anderen Seite deutlich[5]: Um rund 70 Prozent sind zwischen 1998 und 2013 die Kosten für einen ambulanten Pflegedienst gestiegen. Hauptkostentreiber sind dabei die Lohnkosten. Allein tarifliche Lohnsteigerungen und gestiegene Anforderungen des Gesetzgebers an die Qualifikation des Personals bewirkten bereits einen Anstieg von rund 50 Prozent. So weit, so gut. Die Vergütungssätze für die ambulanten Pflegedienste nahmen im gleichen Zeitraum jedoch lediglich um 15 Prozent zu. Wie kann das funktionieren? Ganz platt formuliert: Die Personalkosten müssen gedrückt werden. Und wenn das noch nicht reicht, muss die Pflegekraft halt immer kürzer pflegen, immer schneller wieder draußen sein aus der Wohnung des pflegebedürftigen Menschen, noch schneller waschen, betten oder füttern. Nur so geht's. Wo die Vergütungssätze vor zehn Jahren vielleicht noch erlaubten, sich eine Dreiviertelstunde Zeit zu nehmen für die Hilfe bei der Körperpflege, muss das heute eben in einer halben Stunde erledigt sein. Auch die Zeit für die Hilfe beim Essen schrumpft in der betriebswirtschaftlichen Kalkulation so auf gerade eine Viertelstunde zusammen.

In den Pflegeheimen herrscht im Prinzip die gleiche Entwicklung mit dem Ergebnis, dass nach entsprechenden Modellrechnungen bereits 2010 gerade noch 54 Minuten echte Pflegezeit am Tag für jeden der dort lebenden Menschen verblieb.[6]

Diese »Minutenpflege« wird schon seit Jahren Land auf, Land ab richtigerweise kritisiert. Geändert hat sich bisher dadurch jedoch nichts. Der Fehler liegt nun einmal im marktwirtschaftlich orientierten System selbst.

Dass die Verbände sich damals energisch gegen die Abschaffung ihrer Vorrangstellung auf dem Feld der Pflege zur Wehr setzten, wurde vielfach als der übliche Aufschrei von Lobbyisten abgetan, die um ihre Privilegien fürchteten. Für die gewerbliche Seite und ihre Interessenvertreter in der Politik war es ein Leichtes, die Wohlfahrtsverbände als Monopolisten zu brandmarken, deren Schutzmauern es endlich einzureißen gelte. Geflissentlich verschwiegen wurde dabei, dass das, was nach außen hin jeweils unter einem Firmenschild auftritt, sei es das der Caritas, der Diakonie oder des Paritätischen, tatsächlich eine Vielzahl rechtlich selbständiger Unternehmungen ist. Allein im Paritätischen waren es Mitte der 1990er schon über 8 200 Vereine und gGmbHs, und selbst ein Verband wie die Caritas, die gern als homogener Konzern dargestellt wird, setzte sich zu der Zeit aus annähernd 7 700 rechtlich selbständigen Einrichtungsträgern und regionalen eingetragenen Vereinen zusammen.[7]

Doch »Monopol« klang erst einmal nach Ausnutzung einer beherrschenden Stellung, nach Geld machen, nach überhöhten Preisen und Übervorteilung. Es sollte ein Kampfbegriff werden. An die Spitze der neoliberalen Angreifer setzte sich damals ein noch junger Professor der Bundeswehrhochschule in Hamburg. Bezeichnenderweise suchte er mit seinem Aufsatz »Das teure Wohlfahrtskartell« nicht die üblichen Fachblätter, sondern fand zum Jahreswechsel 1995/1996 in einer sehr renommierten liberal-konservativen Tageszeitung seine publizistische Unterstützung.[8] Sein professorales Urteil über die gemeinnützigen Verbände: bürokratisch-ineffizient, faktische Überversorgung, unzureichende Kontrolle der Wirtschaftlichkeit, diskriminierende

Beschränkungen des Wettbewerbs für die gewerbliche Konkurrenz, die (selbstverständlich) kostengünstiger und leistungsstärker sei. Es war ein Totalverriss, der größte Aufmerksamkeit fand und schließlich sogar zu kritischen Anfragen der Monopolkommission führte. Im Grunde vollführte der Professor jedoch nichts anderes als den gleichen scheinlogischen Zirkelschluss, den wir so häufig bei neoliberalen Eiferern antreffen:

Ausgangsthese: Der freie Markt – und ausschließlich dieser – sorgt für gute Versorgung bei angemessenen Preisen und damit angemessenen Kosten.

Beobachtung: In der Wohlfahrtspflege und insbesondere in der Pflege gibt es keinen freien Markt neoliberaler Schule.

Ergo: Gemeinnützige Wohlfahrtspflege ist leistungsschwach, ineffizient und teuer.

So vom Glauben an den Neoliberalismus beseelt, erübrigte sich für den Hamburger Ökonomen der Faktencheck ganz offensichtlich. Glück für die Wohlfahrtsverbände: Die Arbeit des jungen Professors strotzte bei näherem Hinsehen von einer bemerkenswerten Zahl sachlicher Fehler, die die Verbände zu ihrer Verteidigung weidlich nutzen konnten.[9] Dennoch wirkte die Veröffentlichung noch lange nach – gerade auch auf das Verhältnis von Verbänden und Teilen der Politik. Was dieser Streit jedoch vor allem ans Licht brachte, war die Tatsache, dass es um weit mehr ging als um Verbändeprivilegien. Es ging sehr grundsätzlich und exemplarisch um die Stellung des gemeinnützigen Sektors im Wirtschaftsgefüge der Bundesrepublik. Es ging darum, mit dem gemeinnützigen Sektor eine echte Alternative zurückzudrängen und der gewinnorientierten Marktwirtschaft zu einem weiteren Durchbruch und den Unternehmen schließlich zu Profiten zu verhelfen. Es ging einmal mehr um die Rolle alternativer Ökonomien in dieser Gesellschaft und um den Universalanspruch des Marktliberalismus auf alle Bereiche des Wirtschaftens – egal, ob Fahrräder oder Koffer produziert und verkauft oder ob Menschen gepflegt oder erzogen werden.

Kalter Zeitgeist und smarte Typen

Der neoliberale Zeitgeist wehte auch durch die Einrichtungen der Wohlfahrtspflege selbst. In so manchem gemeinnützigen Pflegeheim, in Behindertenwerkstätten oder Kindergärten zog es kühl und unangenehm. Weshalb sollte ausgerechnet die Wohlfahrtspflege vor Modernismen gefeit sein? (In den Krankenhäusern herrschte schon längst ein ganz rauer Wind. Das war, um im Bild zu bleiben, bereits eine ganz andere Wetterzone.) Auch im Sozialen tauchten sie nun also mehr und mehr auf, die smarten Unternehmertypen, von denen es hieß: »Man muss sie mal ranlassen, einfach mal machen lassen.« Andere, die schon lange Jahre im Sozialen tätig waren, wandelten sich plötzlich in Sprache und Habitus zu dem, was man sich so unter einem modernen Manager vorstellte – mit all den Insignien, Statussymbolen und dem Gebaren, das man erfolgreichen Führungskräften in gewinnorientierten Großunternehmen zuschrieb.

Und so, wie »smarte Unternehmertypen« in der öffentlichen Verwaltung gegen die vermeintlich biederen Beamten in Stellung gebracht wurden, waren es in der Wohlfahrtspflege die »klassischen« Sozialarbeiter, Pädagogen und

Fortbildner selbst, deren Einstellungen, Denkweisen und Mentalitäten nun immer häufiger in die Kritik der neuen Führungsfiguren gerieten und gelegentlich auch zum Opfer deren Spottes wurden. Ähnlich wie über die Beamten wurde nun vielfach gewitzelt über die mit den gesunden Schuhen, den Bärten, den Lederumhängetaschen, die gelegentlich sogar noch Pfeife rauchten und mit Rucksack statt Koffer reisten. Sozialarbeiter, so hieß es plötzlich in so mancher Führungsetage und bei so manchem Unternehmensberater, brauche man zwar für die praktische Arbeit, aber für echte unternehmerische Leitungsverantwortung seien sie nicht geeignet – nicht in der Qualifikation, vor allem aber nicht in der Haltung. Ihnen fehle der Sinn für Effizienz und moderne Arbeitsabläufe, sie seien zu unflexibel, zu unbeweglich, spielten nicht richtig mit. Sozialromantiker, die die Zeichen der Zeit nicht verstanden hätten.

In so mancher Sozialeinrichtung standen sich in den 1990er Jahren Management (wahlweise im Verbund mit externen Beratern) und Belegschaften im wahrsten Sinne des Wortes sprachlos gegenüber: Man hatte tatsächlich keine gemeinsame Sprache mehr. Nicht wenige Sozialarbeiter »alten Schlages« fühlten sich von ihrer Leitung einfach nicht mehr verstanden. »Das muss sich rechnen«, hieß es nun bei allem und jeden. Und dagegen war sicherlich nichts einzuwenden. Wo dieser Satz jedoch umschlug in ein »Alles muss sich rechnen«, da verschoben sich Wertigkeiten und damit auch die Reputation und der Status von Menschen im Betrieb. Nicht wenige waren gekränkt und fühlten sich in ihrer Professionalität herabgewürdigt, in ihrer Leistung nicht respektiert oder geradezu degradiert. Ökonomen drangen an die Spitze vieler Unternehmen der Sozialwirtschaft und definierten ihre Wahrnehmungsweisen und Wertigkeiten zum neuen Maß der Dinge. Aus ihrer Sicht gar nicht mal ganz zu Unrecht, hatten Vereinsvorstände oder Gesellschafterversammlungen von sozialen Unternehmen diese neuen Kräfte ja nicht zufällig, sondern ganz bewusst geholt, um Fenster und Türen aufzureißen und frische marktwirtschaftliche Luft hineinzulassen.

Auch bei den Ausgründungen stand die Wohlfahrt dem öffentlichen Sektor in kaum etwas nach. Eine Welle von GmbH-Gründungen folgte auch hier. Große Vereine und Verbände überführten ihre Einrichtungen von der Behindertenhilfe bis zur Pflege in gemeinnützige GmbHs. Und nicht nur das: Selbst Verbandsaufgaben wie die Öffentlichkeitsarbeit oder Serviceangebote für Vereins- oder Verbandsmitglieder fanden sich plötzlich vereinzelt in GmbHs wieder. Die Motive waren ganz unterschiedlich. Zum Teil wollte man die wirtschaftlichen Risiken, die mit dem Betrieb einer Einrichtung verbunden sind, beherrschbar halten. Zum Teil war man gezwungen, eine Unternehmung auszulagern, weil sie steuerrechtlich nicht unter das gemeinnützige Dach passte – etwa die Unterhaltung eines eigenen Verlages oder eines Gästehauses. Zum Teil fanden diese Auslagerungen aber auch mit der gleichen Irrationalität statt, die auch die Privatisierung öffentlicher Einrichtungen kennzeichnet: der Glaube, unternehmerische Kräfte bei Menschen wecken oder freisetzen zu können, wenn man sie nur von den verbandlichen Fesseln befreit und aus Hierarchien herauslöst, um sie fortan als Geschäftsführer einer GmbH wirken zu lassen. Im Gegensatz zum traditionellen Verein mit seinen Mitgliedern, seinen Versammlungen, auf denen alle mitreden können (und meist auch wollen), und seinen meist ehrenamtlichen »Laien«-Vorständen, schien die professionell und schlank geführte GmbH die adäquate Antwort auf die Herausforderungen der Zeit zu sein. Die ließen sich in einem Wort zusammenfassen: Marktorientierung. Und wo der Markt herrscht, herrschen Kennzahlen und vermeintliche Sachzwänge. Da ist für Basisdemokratie, gesellschaftliche Bewegungen und alternativen Bürgerwillen nun einmal kein Platz.

Wie konnte das passieren? Das war erst durch die Verbindung von neoliberalem Instrumentenkoffer und dem kulturellen Drumherum, dem sogenannten Zeitgeist, möglich. Erst dieser Zusammenhang vermochte es, Irrationalitäten wie den Glauben an einen alles richtenden Markt oder an den Erfolg smarter Unternehmertypen zu Gewissheiten aufzubauschen und aus einem eigentlich sehr nüchternen und in der Sache sehr begrenzten Wirtschaftstheorieangebot einen gesellschaftlichen Hype zu machen. Es bedarf Mythen und Bilder, Gepflogenheiten und Versprechungen. Auch in der Wohlfahrtspflege wurden die Aktentaschen der Manager schicker und die Autos größer. Bei so manchem Sozialunternehmer drängte sich der Eindruck auf, er wünsche sich nichts sehnlicher, als endlich auf einer Stufe zu stehen mit den »richtigen Managern«, den Kapitänen der Wirtschaft. Manch einer sah sich bereits als Konzernlenker des Sozialen.

Ganz vorne weg (sozusagen »king of them all«): Harald Ehlert. Vor dem Sommer 2009 dürfte ihn bundesweit kaum ein Mensch gekannt haben. Bis er mit seinem Maserati in Mecklenburg-Vorpommern in eine Radarfalle geriet. Nun ist auch das nichts, was allein Schlagzeilen produzieren könnte. Doch war Ehlert Diplom-Pädagoge und Chef einer

Berliner Organisation, die sich um Obdachlose kümmerte; und der 400-PS-Wagen war sein Dienstwagen. Die Presse fing an zu recherchieren und taxierte Ehlerts Jahresgehalt auf 350 000 bis 420 000 Euro – »mehr als die Kanzlerin verdient«, schrieben sie. Ehlert bewohnte für relativ kleines Geld eine Villa im Umland Berlins, idyllisch gelegen am Schwielowsee. Auch die gehörte seiner »Treberhilfe«, einer gemeinnützigen GmbH.[10] Fast 80 000 Euro hätten der Einbau von Sauna, Hamam und Whirlpool gekostet. Und auch die 5 000 Euro für Jakobsmuscheln und Hummer allein in 2009 seien von der Treberhilfe gezahlt worden, wusste *Spiegel Online* nachzulegen, nachdem Ehlerts Skandaltauglichkeit feststand.[11] Und wie ein Skandal nun einmal so funktioniert, geriet der Hummer essende Maseratifahrer extrem unter Druck und konnte sich nicht mehr lange halten. Notgedrungen zog er sich Schritt für Schritt aus seiner Treberhilfe zurück. Der Senat kündigte alle Verträge mit dem Unternehmen und es wurde Anzeige erstattet wegen Steuerhinterziehung. Die Gemeinnützigkeit wurde der Treberhilfe aberkannt – wenig überraschend ging sie schließlich pleite.

Eigentlich war diese »Maserati-Affäre«, wie sie die Berliner Zeitungen nannten, eine Provinzposse (auch wenn es Ehlert einmal sogar bis auf Maischbergers Sofa schaffte). Was die Geschichte jedoch so lehrreich macht, ist ihr Rahmen: die Überzeichnung, das Karikaturenhafte, das dem Sozialarbeiter mit seinen ungelenken Kapitalisten-, Management- und Neureichattitüden anhaftete. Der Maserati war so eine. Auch der dicke BMW-Jeep der Treberhilfe mit eingebautem Fernseher.[12] Ebenso der Original Stetson-Cowboyhut, der an J.R. Ewing, den Bösewicht aus »Dallas«, erinnern ließ, oder die Ray-Ban-Sonnenbrille.[13] Auch die halbseitige Glückwunschanzeige, die er für viel Geld in einer Tageszeitung für den frisch gewählten US-Präsidenten Barack Obama schaltete, war so eine Attitüde.

Das eigentlich Interessante an der Geschichte ist jedoch: Was aus der Entfernung nur skurril und protzig wirkt, muss bis zur Skandalisierung seines Maseratis in der Berliner Sozialszene ganz offensichtlich Eindruck gemacht haben. Anders dürfte der wirtschaftliche Erfolg Ehlerts kaum zu erklären sein: Er setzte mit seiner Treberhilfe nach Presseberichten zuletzt mit 260 Angestellten allein über fünf Millionen Euro an Berliner Senatsgeldern für die Unterbringung und Betreuung von Obdachlosen um,[14] saß zwischenzeitlich nebenbei für die SPD als Finanzexperte im Berliner Abgeordnetenhaus, und selbst der Bezirksbürgermeister von Berlin Mitte titulierte ihn als »Big Boss«. Der Maserati stand nicht verschämt in der Garage herum, die Jakobsmuscheln und den Hummer für 5 000 Euro wird Ehlert nicht allein gegessen haben. Und auf seinem Sommerfest mit nächtlichem Feuerwerk zu den Klängen von Frank Sinatras »My Way« werden wahrscheinlich nicht nur engste Mitarbeiter eingeladen gewesen sein ...

Natürlich haben alle in der Berliner Sozialbranche Ehlert gut gekannt. Auch seinen Lebensstil. Seine Philosophie entsprach ganz dem völlig trendigen Zeitgeist, wenn er sich in Zeitungen mit Sätzen wie »Ich selbst verstehe mich als evangelischer Sozialkapitalist« zitieren ließ – 2008, als seine Welt noch in Ordnung war.[15] Bis zur maßlosen Übertreibung verkörperte er jenen »Unternehmertyp des ganz anderen Schlages«, den man vermeintlich auch im Sozialen benötigte; jenen Typ, dem man sein Geschäft meinte gön-

nen zu müssen, damit für alle was abfällt. Ehlert sprach von
»Vertrieb«, nicht von »Öffentlichkeitsarbeit«. »Öffentlichkeitsarbeit« sei »Sozialsprech«, er bevorzuge »Wirtschaftssprech«.[16] Das kam an. Es braucht nicht viel Phantasie, um
sich Ehlert in den Rathäusern vorzustellen, wie er in feinem
Zwirn und mit Stetson und »Wirtschaftssprech« seine Aura
des garantierten (Markt-)Erfolges verbreitete – wenn man
ihn nur machen ließe.

Von daher ist es auf den ersten Blick eigentlich völlig unverständlich, was dann 2009 passierte: Ein einziger kritischer Artikel zu seinem Maserati in der Presse und es gab
praktisch keinen mehr, der mit Ehlert Geschäfte machen
wollte. Gestern noch ein Star in der Branche, erfolgreich
und gut vernetzt, heute Persona non grata. Was hat er gemacht, der bekennende Sozialkapitalist? Rendite, was
sonst! Da sollte man doch eigentlich meinen: Wo ist das
Problem für all die, die doch genau solche Typen suchten
und verehrten, die sich anschickten, das Soziale auf Marktwirtschaft zu trimmen?

Das Problem war wohl, dass Ehlert mit seinen Statussymbolen und seinem Luxus überzogen hat. Mit seinem nun öffentlich angeprangerten Maserati, seinem vielen Geld und
seinem Kapitalismusgehabe rief er die gut verdrängte, aber
offensichtlich im Unbewussten tiefsitzende Skepsis hervor,
ob es wirklich moralisch in Ordnung sein kann, wenn mit
der Armut Geschäfte gemacht und private Konten allzu üp-
pig gefüllt werden. Geht das wirklich zusammen, Hilfebedürftigkeit, Preiswettbewerb und Renditen, Soziales und
Markt? Allen, die nun plötzlich durch den Fall Ehlert ihre
Moral (wieder)entdeckten, muss selbstverständlich sehr
bewusst gewesen sein: Ehlert hatte mit den öffentlichen Fi-

nanziers Preise für seine Obdachlosenarbeit ausgemacht, die diese bezahlten. So war es nicht nur geduldet und rechtlich in Ordnung, so war es gewollt. Es war marktgerecht, schick und erfolgversprechend. Allen war klar: Ehlert hatte sich einfach nur marktkonform in einem marktkonformen System bewegt. Wer dies für unanständig hält oder aus anderen Gründen nicht will, muss die Systemfrage stellen, aber nicht über Automarken diskutieren.

»Wirtschaftssprech« und ein absurder Kundenbegriff

Die Hinwendung zum »Wirtschaftssprech« war keine Marotte allein von Herrn Ehlert. Der veränderte Sprachgebrauch war bezeichnend für den Wandel des Sozialen. »Hauptsache modern«, lautete die Devise ja schon seit Jahren. Ein Landesverband eines großen und traditionsreichen Wohlfahrtsverbandes strich in seiner Satzung sogar den Bestandteil »Wohlfahrtsverband« aus dem Namen, da er ihm nicht mehr zeitgemäß erschien.[17]

Immer mehr Versatzstücke volkswirtschaftlicher Termini hielten Einzug in die soziale Arbeit. Als »the extra push over the cliff« kann in dieser Hinsicht ganz zweifelsfrei der bereits von der Bahn AG strapazierte Kundenbegriff gelten. Geriet er dort häufig genug ins unfreiwillig Komische, so glitt er im Sozialen gelegentlich ins unfreiwillig Zynische ab. Von der Beratungsstelle bis zum Jobcenter, immer häufiger war plötzlich vom »Kunden« die Rede – ein Begriff, der im Sozialen bis dato völlig ungebräuchlich war und meist auch gar nicht passte. Nun sollte man den Protagonisten nicht pauschal Unrecht tun: Der Kundenbegriff hatte im Sozialen anfangs durchaus noch einen kritischen und emanzipatorischen Aspekt inne. Er sollte den Abhängigkeitsverhältnissen in der sozialen Arbeit und den vorherrschenden paternalistischen Sichtweisen als neue Orientierungsgröße kritisch entgegengestellt werden. Er sollte als Signal dafür stehen, dass man sich mit dem Menschen in der Beratungssituation, in der Einrichtung oder wo auch immer auf Augenhöhe befindet, dass der Ratsuchende oder Hilfebedürftige selbst bestimmen und gestalten soll, wo es langgeht – gemäß der Devise »Der Kunde ist König«.

So weit, so gut. Dazu jedoch ausgerechnet auf den der Ökonomie entliehenen, zwar modernen, aber eher oberflächlichen Kundenbegriff zu springen, war wenig durchdacht und vor allem und lediglich Ausdruck des ökonomistischen Zeitgeistes. Der Gedanke der Emanzipation als Leitschnur sozialer Arbeit und sozialer Dienstleistungen war ja nun alles andere als neu in der Branche und absolut keine Erfindung derer, die nun den Kundenbegriff im Munde führten. Es gab seit Jahrzehnten eine »emanzipatorische Sozialpädagogik«, die keinesfalls nur eine Nischentheorie war, sondern Mainstream. Es gab maßgebende Theoretiker der Sozialpädagogik[18], die der sozialen Arbeit einen breiten Fundus emanzipatorisch begründeter Theorie- und Reflexionsangebote mitgegeben haben. Sie zeigten, wie soziale Arbeit betrachtet und verstanden werden kann. Für die meisten Sozialpädagogen gehörte der Emanzipationsbegriff also Mitte und Ende der 1990er, als der Kundenbegriff populär wurde, längst zum Kern ihrer beruflichen Identität. Ihr professioneller Anspruch war es, in praktischer Beziehungsarbeit – von der Vorschulerziehung bis zur

Altenhilfe – dem Menschen immer auch zu mehr Mündigkeit, Selbstbestimmung und Selbstverwirklichung zu verhelfen. Längst begriffen sie ihr Tun als Akt des Emanzipierens.[19]

Vor diesem theoretischen und praktischen Hintergrund ohne Not den ökonomischen Kundenbegriff zu adaptieren, war auch deshalb so problematisch, weil er Emanzipation als Prozess, als Teil der Persönlichkeitsentwicklung völlig außer Acht lässt, ja geradezu negiert. Stattdessen setzt der Kundenbegriff der Ökonomie die Mündigkeit des Kunden schlicht voraus: Ein Kunde ist per Definition emanzipiert und mündig. Er ist selbst und allein verantwortlich für sein Agieren auf einem Markt, auf dem sich ja theoretisch alle lauter verhalten. Er ist ein »homo oeconomicus« mit individuellen rationalen Kosten-Nutzen-Abwägungen, die wir alle zu akzeptieren haben. Genau hier ist auch der starke ideologische Gehalt des Kundenbegriffs verankert. Wo die Lebenssituation eines Menschen angeblich das Ergebnis einer ganzen Kette eigenverantwortlicher Entscheidungen ist, da gibt es keinen Raum für Fremd- oder Mitverantwortung, bestenfalls noch für konsequenzfreies Mitleid. Und für tatsächlich unmündige und nicht selbstbestimmte Menschen und für Menschen, denen (noch) schlicht die Voraussetzungen zur Selbstverwirklichung fehlen, bleibt bei diesem Kundenbegriff auch kein Platz.

Die skurrile Spitze dieses Trends: Wenn ausgerechnet die Bundesagentur für Arbeit von ihren »Kunden« spricht, wenn sie Hartz-IV-Bezieher meint, dürfte auch dem Letzten klar werden, dass es hier vor allem um den schönen Schein statt um das unschöne Sein geht. Und wenn Wirklichkeit und Begrifflichkeiten so gar nichts mehr gemein haben wie bei unserer Arbeitsverwaltung, dann darf man durchaus ideologische Vorwürfe erheben. Es ist Orwellsches »Neusprech«: So wie im Kosovokrieg 1999 aus menschlichen Kriegsopfern plötzlich unpersönliche »Kollateralschäden« wurden, so wie in der sogenannten Finanzkrise 2008 aus Geldhäusern, die sich in grenzenloser Gier ihres Managements bei ethisch grenzwertigen Finanzgeschäften verzockt hatten, plötzlich »notleidende Banken« wurden, und so wie jüngst aus der Flucht armer Menschen nach Deutschland plötzlich ein eher fröhlich anmutender »Sozialtourismus« wurde – so wurden langzeitarbeitslose Menschen, für die ein auf Höchstleistung getrimmter Arbeitsmarkt keine Verwendung mehr hatte, die in Einkommensarmut lebten, die hilf- und machtlos und der Arbeitsverwaltung objektiv ausgeliefert sind: Kunden. So als würden sie gerade ein Kaufhaus oder eine Eisdiele besuchen. Eine maßlose Schönfärberei, mit der die unschöne Wirklichkeit übertüncht werden soll.

Bei dieser sprachlichen Verirrung kommt hinzu, dass der ökonomische Kundenbegriff den Menschen im Kern auf seine Kaufkraft reduziert. Als Mensch interessiert der Kunde nicht – sonst würde man ihn ja so nennen können. Ein Kunde ist nichts anderes als jemand, der zum Käufer werden soll. Interessiert ist man an seiner Kaufkraft – und verspricht er kein Geschäft, dann ist er uninteressant. Der Kundenbegriff steht damit für das genaue Gegenteil dessen, was die Sozialpädagogik lehrt und was den vielen sozialen Einrichtungen zugrunde liegen sollte: einen Menschen nämlich gerade nicht zu reduzieren auf einen Aspekt und vor allem nicht auf seine Kaufkraft und auf die Entgegennahme eng umrissener Dienstleistungen.

Es ist geradezu ein sozialpädagogischer Leitsatz oder Standard, den Menschen immer ganzheitlich zu betrachten. Ein anderer ist der, dass ein Mensch immer nur in der sozialen Beziehung zu anderen unverwechselbaren Individuen verstanden werden kann. Um einen Menschen zu verstehen und sein Verhalten zu begreifen, um ihm letztlich helfen zu können, muss man also sein »Umfeld kennen« und berücksichtigen. Jeder Sozialpädagoge weiß, dass es schier unmöglich ist, Kinder »gegen« ihre Eltern zu erziehen, sondern dass die Förderung eines Kindes immer die ganze Familie mitnehmen muss. Und auch für eine gute Pflege gilt, dass sie berücksichtigt, wer sich aus der Familie oder in der Nachbarschaft wie um den Menschen kümmert. Es gibt heute noch kaum eine Therapieform, die sich erlauben würde, das sogenannte »soziale Umfeld« zu ignorieren, sei es Familie oder seien es die Kollegen am Arbeitsplatz. Gute soziale Arbeit wird man dort vorfinden, wo diese Leitsätze verstanden sind und Anwendung finden; sei es im Kindergarten, im Stadtteil oder am Pflegebett.

All dies fand in einem Kundenbegriff, der den Menschen als einen Einkäufer von Dienstleistungen sieht (und das ist nun einmal die Herkunft dieses Begriffs), keinen Ausdruck mehr. Und wo es keine Sprache gibt, gibt es irgendwann auch kein Nachdenken, keine kritische Betrachtung mehr. Worte prägen nun einmal über kurz oder lang unser Denken, geben uns Möglichkeiten, unseren Reflexionsraum zu erweitern oder eben auch zu verengen. Sie sind mit Assoziationen und Gefühlen verbunden – oder aber auch nicht. Wörter sind also wichtig.[20]

Jede Fachterminologie, sei es in der Ökonomie oder im Sozialen, spiegelt ein ganzes, meist sehr komplexes Gedanken- und Wertegerüst wider. Die Anfänge der sozialpädagogischen Theoriegeschichte liegen im 18. Jahrhundert und stammen vom Schweizer Pädagogen Johann Heinrich Pestalozzi.[21] Eine Reihe von großen Theoretikern hat sich seitdem mit dem Sinn sozialpädagogischen und sozialarbeiterischen Tuns befasst und Empfehlungen gegeben, wie dieses Tun aussehen kann. Vor allem aber bieten sie alle »passende« Menschenbilder und erklären, wie diese mit Methode und Qualität der sozialen Arbeit zusammenhängen. Für die Sozialarbeiter und Pädagogen unter den Lesern (hoffentlich einige) möchte ich Namen wie Hermann Nohl[22] oder Gertrud Bäumer[23] in den 1920er Jahren und in den Jahrzehnten nach dem Krieg Klaus Mollenhauer und Hermann Giesecke, aber auch Hans Thiersch[24] oder Dieter Sengling[25] nennen. Interessant ist übrigens, dass all diese Persönlichkeiten niemals im Elfenbeinturm agierten, sondern aus der Praxis für die Praxis schrieben. Soziales war für sie trotz aller Wissenschaftlichkeit immer auch Handwerk – oder besser: Kunsthandwerk.

Diese Diskussion war in ihrer Breite und Tiefe mit der vermeintlichen Kundenorientierung seit Mitte der 1990er jedoch erst mal mehr oder weniger auf Eis gelegt. Mit dem Kundenbegriff als sprachliche Anleihe aus der Ökonomie wurde eine hundertjährige Theoriegeschichte mit ihrer eigenen Fachterminologie mal eben so fallengelassen – möglicherweise auch durch Unkenntnis derer, die uns diese Modernismen bescherten.

Kein Anwalt käme wahrscheinlich auf die wirklich schlechte Idee, von seinen Mandanten als Kunden zu sprechen. Allein deshalb, weil es keine Kunden sind und weil er sich mit diesem Begriff gewöhnlich machen würde. Mandanten kaufen ihm in der Regel keine Dienstleistung ab, wie man es etwa bei einem Friseur macht. Sie mandatieren ihn. Das lateinische Wort »mandare« meint »anvertrauen« und »beauftragen« zugleich – und trifft damit den Kern der Anwalts-Mandanten-Beziehung, die der Kundenbegriff kaum einzufangen in der Lage ist.

Gleiches gilt für die Arzt-Patienten-Beziehung. Das lateinische Wort »pati«, auf das die Bezeichnung Patient zurückgeht, meint »erdulden« und »erleiden«. Kaum bildhafter könnte der (kranke) Mensch sprachlich nach vorn gestellt werden. Nicht zufällig haben Ärzte und Anwälte gemeinsam, dass sie ihre besondere Verantwortung betonen und die Rolle des Vertrauens in dieser Beziehung herauskehren – eine Beziehung, die sich dem Markt und den Marktregeln entzieht. Nicht umsonst unterliegen beide Berufsgruppen einer strikten Schweigepflicht und nicht zufällig grenzen sich diese Berufe seit jeher mit eigenen ethischen Codizes vom Marktgeschehen ab, um konsequent auch nach eigenen Regeln zu wirtschaften – von Gebührenordnungen bis zu Einschränkungen bei der Werbung für die eigene Praxis oder die Kanzlei. Für Prediger des freien Marktes ist das geradezu Teufelszeug.[26]

In der Wohlfahrt wurde meist der Begriff »Klient« verwendet, vom lateinischen »cliens«. Er ist trefflich, weil er von seinem lateinischen Ursprung her eine doppelte Bedeutung hat: Ein Klient ist ein »Schutzbefohlener«, für den man Verantwortung trägt, und zugleich ist es der »Hörige«. Das Abhängigkeitsverhältnis, das der Kundenbegriff negiert, kommt beim »Klienten« klar zum Ausdruck. Gleiches gilt für die besondere Verantwortung für den »Schutzbefohlenen«: Der Klientenbegriff konfrontiert mit der Wirklichkeit, mit dem Umstand der Hilfebedürftigkeit, des Angewiesenseins und mit ethischen Verpflichtungen – all das wischt der Begriff »Kunde« weg.

Social Profits und unnütze Arbeitslose

Es bleibt völlig unverständlich, wie man im Sozialen ohne Not eine hundertjährige Theoriegeschichte sowie einen breiten, fundierten Reflexionsstand sprachlich einfach hinter sich lassen konnte, um stattdessen mehr oder weniger theoriefrei auf nur mäßig reflektierte Versatzstücke aus Volks- und Betriebswirtschaft zu setzen. Doch das war längst nicht das Ende der ökonomistischen Verirrungen. Es kam noch wesentlich heftiger. Der vorläufige Höhepunkt wurde erreicht, als der aus der Ökonomie stammende Begriff »Mehrwert« in den 2000er Jahren zunehmend in das Soziale übernommen wurde.

Auch der Mehrwert brach nicht zufällig in das Soziale ein, sondern folgte nur konsequent dem neoliberalen Zeitgeist. Er trieb ihn sozusagen auf seine absurde Spitze. Von Marx geprägt, meinte der Begriff des Mehrwertes jenen Wert, der über die zur Verfertigung einer Ware eingesetzte Arbeit beziehungsweise Arbeitskosten hinausgeht. Der eigentliche Wert wird danach jedoch durch die in der Ware enthaltene Arbeit bestimmt. Mehrwert meint somit in allen Varianten dieses Begriffs immer einen uneigentlichen, unwahren, »überschüssigen« Wert, der über den eigentlichen Wert hinausgeht – letztlich eine wesentliche Größe für Profit- und Renditemöglichkeiten auf dem Markt.

Die Wohlfahrtspflege wurde in der Bundesrepublik immer schon mit kritischen Anfragen zu ihrem Tun konfrontiert; Anfragen, die letztlich immer auf Geld zielten. Zuerst kam die Frage nach der Effektivität hinter ihrer Moral. Dann folgte die Frage nach ihrer Effizienz hinter ihren Methoden und Institutionen. Das Aufkommen des Mehrwertbegriffs in der sozialen Arbeit bildete in einer dritten Etappe den eher hilflosen Versuch ab, Antwort auf eine weitere Frage zu geben, die um die Jahrtausendwende das Soziale ziemlich unter Druck setzte: Es war die Frage nach dem Nutzen des Sozialen für die breite Allgemeinheit. Und sie war ganz und gar nicht freundlich gemeint, wie wir noch sehen werden.

Dass die Frage kam, hätte eigentlich nicht überraschen dürfen. Vor etwas mehr als zwanzig Jahren, und damit vor der berühmt-berüchtigten rot-grünen Agenda 2010, galt es noch als relativ ausgemacht, dass ein jeder Mensch in unserer Gesellschaft »selbstverständlich« ein Recht auf Hilfe in Not hat, die – und das ist wichtig – seiner Menschenwürde entspricht. Es war Konsens, dass dazu nicht nur alles Notwendige zum Überleben und ein Dach über dem Kopf gehörten, sondern ebenso auch ein Mindestmaß an kultureller Teilhabe an dieser Gesellschaft. Als die Mütter und Väter des Bundessozialhilfegesetzes es in den 1960er Jahren auf den Weg brachten, statteten sie es im ersten Paragraphen mit einer Königsnorm aus: Danach sollte es Aufgabe der Sozialhilfe sein, »die Führung eines Lebens zu ermöglichen, das der Würde des Menschen entspricht«. Diese Leitnorm war sozialstaatliche Garantie und anspruchsvolles Ziel zugleich.

Bereits in den 1990er Jahren begann dieser Konsens jedoch zu bröckeln. Der sogenannte »Solidarpakt« aus dem Jahr 1993, mit dem die damalige Bundesregierung unter

Kanzler Helmut Kohl vor allem die vereinigungsbedingte Kostenexplosion im Staatshaushalt in den Griff bekommen wollte, hatte mit Solidarität nur sehr wenig zu tun. Neben dem sogenannten »Solidaritätszuschlag« auf die Einkommensteuer brachte dieser seltsame Pakt vor allem rigorose Leistungskürzungen für Sozialhilfebezieher und Flüchtlinge sowie beim Erziehungsgeld und beim Wohngeld.[27] Statt Solidarität waren es die Armen West, die mit den Armen Ost teilen sollten.[28]

Zehn Jahre später wurde der Grundkonsens von menschenwürdiger Hilfe und gesellschaftlicher Teilhabe dann endgültig politisch aufgekündigt. Die Menschen wanderten von der Sozialhilfe in Hartz IV. Nur wanderte die Königsnorm der Menschenwürde nicht mit. Davon fand sich in den Hartz-Gesetzen nichts. Der neoliberal durchsetzte Geist der Agenda 2010 war ein gänzlich anderer als der des bereits in den 1960er Jahren geschaffenen Sozialhilfegesetzes. Der Begriff der Menschenwürde hatte hier keinen Platz mehr, er wurde dem selbst herbeigerufenen Zeitgeist geopfert. Erst 2011 fand der Begriff der Menschenwürde auf Druck aus Karlsruhe wieder Eingang auch in die Hartz-Gesetze. Zu spät, möchte man sagen.

Wo darüber hinaus Geiz »geil« wurde, wie es ein Elektronikkonzern mit ungeheurem Werbeaufwand ins Volk schrie, wo jeder seines Glückes Schmied sein sollte und wo selbst vermeintliche Eliten der Gesellschaft schamlos Raffkementalität vorlebten, da musste es nicht verwundern, wenn gerade die als so modern und erfolgreich Geltenden, die sogenannten Leistungsträger, immer ungenierter die Frage stellten: »Und was habe ich davon? Es mag ja sein, dass ihr da in all euren sozialen Diensten und Einrichtungen ordentliche Arbeit leistet. Es mag auch sein, dass ihr dies sehr effizient tut, wirtschaftlich und sparsam. Auch ist völlig unbestritten, dass es gut und human ist, was ihr tut. Aber was habe *ich* davon? Was habe ich davon, der ich nicht pflegebedürftig bin, nicht arbeitslos, nicht behindert und keine eurer Hilfen brauche? Was habe ich davon, der ich mit meinen Steuern und Sozialabgaben dennoch eure Arbeit finanziere?«

Das saß. Solcherlei Fragen hatten eine völlig andere Qualität als die nach der Effektivität oder der Effizienz. »Was habe ich davon?« Eine Frage wie ein Programm. Rigoros und grundsätzlich wurde mit ihr der bis dato wenigstens noch vorhandene Restkonsens zum Sozialen aufgekündigt: die grundsätzliche Wertschätzung sozialer Arbeit und sozialer Dienste. Bewegten sich die kritischen Anfragen nach Effektivität und Effizienz noch auf einer gemeinsamen Werteebene um beste Hilfen und um Wirtschaftlichkeit dieser Hilfen, so wurde dieses im Kern altruistische Fundament in Richtung eines völlig ohne Bedenken und Scham vorgetragenen Hedonismus verlassen. Es war die schlichte Frage nach dem Eigennutz. Es war das neoliberale Prinzip des Non-Tuismus, das nun endgültig durchschlug (siehe Seite 44). Seine euphemistische Verbrämung fand dieser Gedanke meist in der etwas freundlicher klingenden Frage nach dem »gesamtgesellschaftlichen Nutzen« sozialer Arbeit. Im Kern ging es dabei jedoch um ein und dasselbe: um den Nutzen für den nicht betroffenen Steuerzahler, und zwar in einem sehr utilitaristischen Sinn.

In der Wohlfahrtspflege verursachten derlei Fragen und Betrachtungsweisen erst einmal gehörige Verstörung und Verunsicherung. Man fand sich plötzlich in der Defensive wieder. Über Effektivität und Effizienz zu streiten, das ging in Ordnung. Immerhin wurde ja nicht die Arbeit als solche in Frage gestellt. Für die jedoch, die mit Werten und Altruismus nicht mehr sonderlich viel am Hut hatten, fand man keine wirklich griffigen Antworten. Und da man es mittlerweile gewohnt war, mit dem Zeitgeist zu gehen, passierte das wahrscheinlich Falscheste, was im Interesse aller (der Beschäftigten, der Hilfebedürftigen, der Gesellschaft) geschehen konnte: Unterstützt von der interessierten Professorenschaft versuchte man (teils mit den besten Absichten, teils aber auch aus schnödem Geschäftsinteresse) den Nachweis zu führen, dass soziale Arbeit einen Mehrwert erwirtschaftet. Dazu gab man sich notgedrungen der verqueren Logik hin, dass die Arbeit am und mit dem Menschen zwar an sich wertvoll sei, dass es darüber hinaus jedoch etwas gebe, was noch mehr wert sei als dieser Mensch und die Sorge um ihn: nämlich volkswirtschaftliches Wachstum und fiskalische Vorteile im klassischen ökonomischen Sinne. Man unternahm den Versuch nachzuweisen, dass, wenn man die Wohlfahrt nur machen und sich um arme Kinder, pflegedürftige oder behinderte Menschen kümmern ließe, alle etwas davon haben. Und zwar nicht nur ideell – etwa das gute Gefühl, in einem solidarischen Gemeinwesen zu leben –, sondern ganz handfest, materiell und (gesamt-)ökonomisch.

Mit dem Rücken an der Wand ließ man sich auf diese Mischung aus Ökonomismus und Utilitarismus ein und schreckte nicht einmal davor zurück, für Kinder den entsetzlichen, aber in diesem Kontext schon wieder sehr ehrlichen Begriff des »Humankapitals« zu verwenden.

»Gehst du zum Fürsten, so siehe zu, dass du seine Sprache sprichst«, hieß es früher einmal im Volksmund. Genau diesem (in diesem Fall eher schlechten) Rat versuchten viele im Sozialbereich zu folgen. Sie ließen sich, ohne es zu merken, auf die utilitaristische Ethik des neuen Zeitgeistes ein, auf seine Logik und auf sein Bild vom »homo oeconomicus«. Mit Hilfe klassischer ökonomischer Instrumente und Zählweisen sollte tatsächlich ein positiver Effekt für die Volkswirtschaft berechnet werden – meist, indem man auf noch höhere angenommene Folgekosten eines Nichts-Tuns hinwies, auf die Kosten der Heilung bei unterlassener Prävention sozusagen.

Und man ist eigentlich schon gar nicht mehr überrascht, dass es ausgerechnet unser Maserati fahrender »Sozialkapitalist« Harald Ehlert war, der sich als erster seinen Mehrwert bescheinigen lassen wollte, kurz bevor die »Maserati-Affäre« in der Presse hochgespielt wurde. Er tat sich dazu mit einem Wirtschaftsprofessor der Hochschule Mannheim zusammen und mit dem Beratungsunternehmen Kienbaum; ebenjene, die ihm passenderweise auch die Angemessenheit seines Maseratis und seines Jahressalär von über 300 000 Euro gutachterlich bescheinigten.[29] Sie sollten ein Rechenmodell für den »social profit« seiner Treberhilfe entwickeln, wie sie es nannten. Mit dieser neuen Kennzahl sollte nach Ehlerts Willen und dem seiner Kompagnons künftig der gesellschaftliche Nutzen von Sozialeinrichtungen in Euro und Cent festgestellt werden. »Allgemeine Kennzahl zur sozialen Rentabilität entwickelt – Nutzen öffentlicher Ausgaben ist endlich messbar«, ließ Kienbaum dann im Februar 2010 auch euphorisch verlauten.[30] Die Treberhilfe habe, so das Beratungsunternehmen, im Jahr 2008 rund 12,2 Millionen Euro an öffentlichen Mitteln erhalten, um Menschen in Not zu helfen. Noch mehr Euro seien dadurch jedoch eingespart worden, indem teure Haftstrafen, Psychiatrieaufenthalte oder was auch immer vermieden worden seien.[31] Auch seien Steuern und Sozialbeiträge gezahlt worden. Unter dem Strich stünden damit den 12,2 Millionen Euro an Ausgaben 14 Millionen Euro an vermiedenen Mehrausgaben oder sogar tatsächlichen Einnahmen gegenüber, ein »social profit« von 1,8 Millionen Euro, eine »soziale Rendite« von 15 Prozent. Für jeden vom Staat investierten Euro seien 1,15 Euro wieder in seine Kassen zurückgeflossen.

Nun fragen wir an dieser Stelle mal nicht, wie viele Milchmädchen da mitgerechnet haben. Entscheidend waren Absicht und Strategie des Vorhabens: Angesichts knapper öffentlicher Kassen könne die neue Kennzahl ja vielleicht zum neuen Maßstab für die Verteilung öffentlicher Mittel werden, schwebte es Kienbaum vor. Dazu solle jährlich der »social profit« ermittelt werden, selbstverständlich auch von anderen Sozialeinrichtungen. Ganz offen gibt Kienbaum im *Handelsblatt* zu: »Wir wollen uns dahin entwickeln, dass diese Kennziffer ein Muss ist.«[32] Selbstverständlich müsse man dazu bei jedem einzelnen sozialwirtschaftlichen Unternehmen »neu nachjustieren« …

Hätte sich Kienbaum durchgesetzt, wäre auch nur ein Bruchteil der Sozialunternehmen dazu verdonnert worden, ihren »social profit« berechnen zu lassen – es wäre ein Riesengeschäft geworden!

In Ehlerts Fachtagung saß auch ein Journalist einer renommierten Wochenzeitung. »Wie soll der ›social Profit‹ in einem Altenheim ausfallen?«, fragt er später in seinem Artikel. »Ein 90-Jähriger wird nie wieder 20 sein. Wie soll der ›social Profit‹ eines Sterbebegleiters steigen?«, fragt er weiter und lässt die (gruseligen) Antworten bewusst offen.

Erst in letzter Zeit dämmert es mehr und mehr Akteuren im Sozialen, dass sie bei diesem »Spiel« mit dem Mehrwert eigentlich nur verlieren können. Menschen zu helfen, die sich nicht selber helfen können, kostet nun einmal Geld; Geld, das von anderen, von Dritten kommen muss. Der Versuch, einen wirtschaftlichen Rückfluss beispielsweise einer Notunterkunft für Obdachlose, eines Frauenhauses oder einer Wohngemeinschaft für demenzkranke Menschen zu errechnen, ist mehr als müßig und bleibt immer ein ziemlich bemühtes Unterfangen, um es vorsichtig zu formulieren. Und so beschränken sich derartige Argumentationsgebäude ja auch meist auf Bereiche wie Erziehung und Ausbildung, Kinderbetreuung und ähnlich wirtschaftsnahe Sektoren. Oder in der Sprache des Neoliberalismus: auf Menschen mit nennenswerten »Humankapitaleigenschaften«.

Gefährlich an dieser Mehrwertstrategie ist vor allem, dass sie sich in ihrer Argumentation damit erst einmal grundsätzlich auf das Paradigma der Nützlichkeit einlässt. Doch wo es Nutzen gibt, gibt es zwangsläufig auch »Unnutzen«, wo es nützliche Menschen gibt, muss es immer auch unnütze geben. Es ist ein gefährlicher, völlig inakzeptabler Keil, der da – von den einen bewusst, von anderen unbewusst – zwischen die Menschen getrieben wird. Und dieser Keil heißt »ökonomische Verwertbarkeit« oder auch »Humankapital«. Wer sich auf eine solche Argumentation einlässt, der treibt ein gefährliches Spiel und spielt letztlich seinen Widersachern in die Hände. Denn am Ende eines solchen Weges kann nur Ausgrenzung stehen.

Wer das nicht glauben will, sei an die Arbeitsmarktpolitik der letzten Jahre erinnert, die genau diesem Muster gefolgt ist: Das offizielle Hartz-IV-Motto von »Fördern und Fordern« wurde exakt mit der oben dargestellten Mehrwert- und Verwertungslogik verkauft: Ist es nicht viel besser, Menschen in Arbeit zu bringen als sie in der Arbeitslosigkeit zu alimentieren? Ist es nicht nur vernünftig, ins Soziale zu »investieren«, in die Qualifizierung von Langzeitarbeitslosen, in Weiterbildung, in Bewerbungstrainings und sogar in sozialarbeiterische Hilfen von familienpädagogischen Maßnahmen bis zur Schuldnerberatung, wenn dadurch Menschen wieder in Arbeit kommen, dem Staat nicht länger »auf der Tasche liegen« und wieder Steuern und Sozialabgaben zahlen? Wer würde dem widersprechen? Selbst der eigensüchtigste Zeitgenosse wird sich dieser Mehrwertargumentation nicht entziehen. Problematisch wird es nur, wenn die Förderung nicht so recht anspringen will, weil die vermeintlichen Förderinstrumente – von Bewerbungstrainings bis zu Ein-Euro-Jobs – zu kleinkariert sind und der Arbeitsmarkt diese Leute eigentlich gar nicht braucht; weil nämlich Vermittlung immer nur Vermittlung ist und keine zusätzlichen, passenden Arbeitsplätze schafft.

Genau das passierte aber: Als am 1. Januar 2005 Hartz IV in Kraft trat, waren es 4,5 Millionen erwerbsfähige Hilfebezieher, die die Statistik der Nürnberger Bundesagentur aufführte und die man ja nun eigentlich »fit machen« und vermitteln wollte. 4,9 Millionen waren es zum Jahreswechsel 2009/2010. Damit dämmerte zum fünfjährigen Hartz-IV-Jubiläum auch dem Allerletzten: Hartz IV war, zumindest was die vollmundigen Versprechungen zur Vermittlung in Arbeit anbelangte, gescheitert. Als »Sprungbrett« auf den ersten Arbeitsmarkt angekündigt, entpuppte sich Hartz IV bestenfalls als Hüpfburg, das Förderinstrumentarium unter

Mehrwert- und Verwertungslogik als teures Investment ohne Rendite. »Null social profit« sozusagen. Ergo: Weg damit.

Noch im Sommer 2010 fassten daher im idyllischen Schloss Meseberg Kanzlerin Angela Merkel, Finanzminister Wolfgang Schäuble und Arbeitsministerin Ursula von der Leyen den knallharten Beschluss, zwischen 2011 und 2014 rund 20 Milliarden Euro in der Förderung Arbeitsloser einzusparen.[33] Die Bundesregierung zog angesichts der mäßigen Vermittlungserfolge der Bundesagentur die Konsequenz, die Hilfen für Langzeitarbeitslose mehr oder weniger einzustellen und sich stattdessen vor allem auf gut vermittelbare und qualifizierte Kurzzeitarbeitslose zu konzentrieren. Nach ökonomistischer Social-Profit-Logik ein absolut konsequenter Schritt. So ist es halt, wenn der Mehrwertnachweis nicht gelingen will. Dass in einer Arbeitsgesellschaft Erwerbsarbeit nicht nur das Einkommen sichert, sondern mit entscheidend ist für Status, Selbstwahrnehmung oder auch ein funktionierendes Familienleben, dass es auch eine Frage der Menschenwürde ist, Langzeitarbeitslosen als Staat vernünftige Arbeit zu geben, wenn der allgemeine Arbeitsmarkt für diese Menschen nichts mehr anzubieten hat, spielt in der Social-Profit-Logik keine echte Rolle. Langfristige Beschäftigungshilfen für Langzeitarbeitslose bringen keinen »social profit«, sondern kosten vor allem. Das Menschliche allein zählt nicht beim Humankapital, der Mensch an sich ist in dieser Logik noch lange nicht wertvoll.

Und so sah die ganz große Mehrheit in Regierung und Politik ohne auch nur mit der Wimper zu zucken zu, wie öffentlich geförderte Beschäftigungsverhältnisse für Hartz-IV-Bezieher vom Jahr der Sparbeschlüsse bis Ende 2013 von

335 000 erdrutschartig auf 146 000 zurückfielen. Die Zahl der Hartz-IV-Bezieher, die Hilfen bei der Aufnahme einer Arbeit erhielten (vor allem den sogenannten Eingliederungszuschuss an die Arbeitgeber), sank von 127 000 auf 56 000. Wurden 2010 noch 97 000 Hartz-IV-Beziehern Weiterbildungen angeboten, waren es drei Jahre später nur noch 68 000.[34] Bei den Wohlfahrtsverbänden mussten vier von zehn sogenannten Beschäftigungsunternehmen, die sich besonders um schwer vermittelbare Langzeitarbeitslose kümmerten, ihre Arbeit für diese Menschen einstellen, weil sie keine Förderung mehr erhielten.[35]

Das Beispiel der Arbeitsmarktpolitik macht eines unmissverständlich klar: Soziale Dienstleistungen, aber auch Erziehung kommen an einer nicht-ökonomischen, letztlich ethischen, wertorientierten, altruistischen Begründung ihres Tuns und ihres gesellschaftlichen Ressourcenverbrauchs nicht vorbei. Wo der Wertekonsens einer Gesellschaft bröckelt, ist der Niedergang des Sozialen früher oder später unausweichlich. Die Übernahme der Mehrwertrhetorik bringt für das Soziale daher keinerlei strategischen Vorteil, sondern bedeutet vor allem das Räumen tradierter gesellschaftspolitischer Positionen, ohne sie überhaupt verteidigt zu haben.

Mensch versus Mehrwert

Von käuflicher Liebe, Preisfindung und echter Beziehungsarbeit

Die Übertragung von Marktprinzipien auf das Soziale sollte nach Ansicht der Marktgläubigen für noch mehr Effizienz bei gleichzeitig noch besserer Qualität sorgen. Dass sich jedoch der Charakter der sozialen Dienstleistungen selbst gravierend verändert, wenn man sie marktgängig macht, darüber wurde kaum in der notwendigen Tiefe nachgedacht (zugegebenermaßen ist das ja auch ein sehr anspruchsvolles Thema).

Märkte sollen Anbieter und Nachfrager in Kontakt bringen, sie sollen die notwendige Versorgung mit Gütern und Dienstleistungen sicherstellen, sie sollen schließlich im Idealfall über einen freien Wettbewerb eine regulierende Preisfindung besorgen. Der Markt lebt vom Vergleich, und der Vergleichsmaßstab ist das Geld. Geld wiederum ist der Schmierstoff, ohne den gar nichts läuft. Selbst völlig Unvergleichbares wird mittels Geld vergleichbar gemacht. Nur mittels Geld gelingt es uns beispielsweise, eine Kinokarte, ein Kilo Rindergehacktes (wahlweise natürlich auch Tofu) oder einen Friseurbesuch miteinander zu vergleichen. Geld bringt alles auf den gemeinsamen quantitativen Marktnenner: den Geldwert.

Dies ist weit mehr als ein rein technischer Vorgang. Geld vermag es, unsere ganz subjektive Wertschätzung, die wir einer Sache zusprechen, über den Preis und mit Blick auf den Markt ganz selbstverständlich zu relativieren; und zwar unabhängig davon, ob wir uns diese begehrte Sache leisten könnten oder nicht. Wenn Sie sehr großen Hunger verspüren, könnten Sie etwa geneigt sein, recht viel Geld für besagtes Gehacktes auszugeben. (Vorausgesetzt, Sie verfügen über das Geld.) Der Preis jedoch und der Vergleich damit, was Sie sich sonst für dieses Geld kaufen könnten, können Sie dazu veranlassen, Ihre subjektive Wertschätzung mit Blick auf den objektiven Marktpreis zu relativieren und vom Kauf Abstand zu nehmen – selbst, wenn Sie es sich »leisten« könnten und wenn Sie überhaupt keine andere Verwendung für das Geld haben. Da wir alle mit Geld sozialisiert sind, passiert das meist völlig unbewusst und ist bei den meisten sozusagen in Fleisch und Blut übergegangen. Wir, die wir in einer Geldgesellschaft aufgewachsen sind, können kaum noch anders als in Geldwert zu denken. Die Vergeldlichung dringt in unsere Köpfe und unsere Herzen. Die ganz subjektive Frage »Was ist mir eine Sache wert?« verschwindet mehr und mehr hinter der tagtäglich und von klein an auf uns einwirkenden Frage »Was ist sie auf dem Markt wert?«. Es gibt nichts, was kein Preisschild hätte, sowohl im Schaufenster als auch in unseren Köpfen.

Vor einiger Zeit war ich zu einem Abendessen in einem sehr teuren Restaurant eingeladen, als mir mein Tischnachbar, dessen Jahreseinkommen bekanntermaßen über einer Million Euro liegt, erzählte, dass er einen bestimmten Wein, der ihm sichtlich schmeckte, zu Hause nicht so häufig trinke, da die Flasche 27 Euro koste. Ich rätselte den halben

Abend darüber, was er wohl mit einer Million im Jahr anstellt, dass ihm eine Flasche Wein für 27 Euro zu teuer ist. Bis mir klar wurde, dass es sich ganz einfach um einen Persönlichkeitszug handelt; keine Überzeugung, kein Prinzip oder etwas ähnliches, sondern ganz einfach ein Charakterzug, der angesichts seines Reichtums nun einmal besonders grell hervortritt.

Alles und jedes wird unbewusst in Geldwert »umgerechnet« und verglichen, stets in der Befürchtung, übervorteilt zu werden oder aber einen Vorteil auszulassen. Unsere Wertschätzung wird – genauso wie unsere Bedürfnisse – nach Geldwert gefiltert und gelenkt. Wer jedoch keinen Sinn mehr hat für subjektive Wertigkeiten, der verliert auch den Sinn für sich selbst, dafür, was seine wirklichen Bedürfnisse angeht, und läuft Gefahr, sich einzuengen bis zur neurotischen Störung. Geiz, Schnäppchenjagd und Geldgier sind mögliche Folgen. Gemeinsam haben sie, dass dem Geldwert dann kein wirkliches Korrektiv der eigenen Wertschätzung mehr gegenübersteht.

Wo nur noch Geldwert zählt und nur noch Angst herrscht, zu viel zu zahlen und »über den Tisch gezogen« zu werden, wo immer nur der Gedanke quält, was man denn vielleicht sonst noch für das gleiche Geld hätte kaufen können, da ist Geiz die natürliche Folge. Echter Geiz zeichnet sich ja vor allem dadurch aus, dass man nicht nur anderen, sondern vor allem auch sich selbst nichts mehr gönnt. Vordergründig, aber eben nur scheinbar ganz anders ist der Schnäppchenjäger: Immer auf der Pirsch nach einem guten Geschäft, nach dem guten Marktpreis, kauft er ohne Rücksicht auf den Gebrauchswert, ohne Rücksicht darauf, was er braucht oder sich wünscht und was ihm wirklich etwas wert ist. Das besonders günstige Blutdruckmessgerät, gekauft bei einem bekannten Kaffeeröster, liegt zu Hause im Keller gleich zwischen der Heizdecke, die es dort im Monat zuvor gab, und der Munddusche aus dem Elektromarkt. Es stapeln sich Dinge, die man eigentlich überhaupt nicht braucht, die aber »unschlagbar günstig« waren. Eine ganze Industrie baut ihre Umsätze auf dieser Massenneurose auf. An jedem Wochenende flattern uns ihre Werbebeilagen aus den Zeitungen heraus oder verstopfen unsere Briefkästen.

Die Vergeldlichung von allem und jedem ist die Voraussetzung für den funktionierenden Markt. Geld heißt Zählbares. Geld ist immer Quantität. Will ich meine Leistung auf den Markt bringen, muss ich sie daher so charakterisieren, dass sie zählbar, dass sie messbar wird. Ich muss sie quantifizieren. Und da wird es im Sozialen problematisch: Man muss im Zweifelsfalle sogar Dinge in die Arithmetik überführen, bei denen dies in Wahrheit unmöglich ist: Beziehung und Moral etwa, oder eben die Zuwendung zu einem Menschen. Wo es nicht passen will, wird es halt passend gemacht. Dann spielen Beziehung und Menschlichkeit eben keine Rolle mehr in der »Produktbeschreibung«. Hauptsache es gelingt, die Leistung zu vergeldlichen. Dies ist die Grundvoraussetzung für ihre Marktgängigkeit.

Der Begriff der »käuflichen Liebe« ist in diesem Zusammenhang trefflich. Er bringt das ganze Dilemma und die Widersprüchlichkeit sehr schön auf den Punkt. Klar ist irgendwie: Liebe kann man nicht kaufen. Liebe ist Zuneigung und Zuwendung. »Echte Liebe« braucht das liebende Gegenüber, braucht Gefühl und ist vor allem nicht mit Preisen zu versehen und für alle zu haben. Statt Liebe gibt es also Sex. Gegen Entgelt. Es bleibt dem Kunden überlassen, ob er sich der Illusion der Liebe hingeben mag. Auf jeden Fall muss die käufliche Liebe bemessen und bepreist sein, muss sich gewöhnlich und vergleichbar machen – mit einer Kinokarte, Hackfleisch oder einem Friseurbesuch. Und dazu bieten sich nun einmal – auch in der käuflichen Liebe – »Zeiteinheiten« oder »modulare Verrichtungen« an.

Insofern ist es im Sozialen eigentlich nur ehrlich und redlich, wenn wir gleich von »Pflege« und von »Verrichtungen« sprechen und nicht etwa von »pflegerischer Zuwendung«, die angesichts des emotionalen Gehalts des Begriffs »Zuwendung« in der Tat nur sehr schwer zu bepreisen wäre.[1]

Wer sich auf das Spiel von Angebot, Nachfrage und Preisen einlassen will oder muss – und sei es auch nur in Teilen oder mit Brüchen –, muss zuallererst sein Angebot in Geld übersetzen. Das ist der »Eintrittspreis«, den der Markt verlangt. Die Quantifizierung von Qualität ist Voraussetzung und Konsequenz der Ökonomisierung sozialer Arbeit zugleich. Um zumindest so zu tun, als gelänge diese Quantifizierung, braucht es eine ganz gehörige Portion Verallgemeinerung, Abstraktion. Man muss das Besondere konsequent ausblenden und sich ausschließlich auf das Vergleichbare konzentrieren.

Um die notwendige Vergleichbarkeit zur Preisfindung zu ermöglichen, muss die Leistung zudem völlig unabhängig von spezifischen Kontexten beschrieben werden. Um beim Beispiel der Pflege zu bleiben: Um den Vorgang der »Hilfe bei der Nahrungsaufnahme« marktgängig zu machen und mit einem Preis versehen zu können, muss ich ihn sehr konsequent aus seinem tatsächlichen und konkreten Zusammenhang reißen und ihn in seiner Beschreibung auf das Einfachste reduzieren; etwa auf jemanden, der halt Nahrung braucht. Dass dabei zwei Menschen eine Beziehung eingehen, die für den hungrigen, pflegebedürftigen Menschen vielleicht allemal wichtiger ist als diese eine Mahlzeit selbst, wird ebenso ausgeblendet wie die Tatsache, dass die Annahme dieser Hilfe mit sehr unterschiedlichen Gefühlen und Reflexionen verbunden sein kann; oder aber dass der Besuch der Pflegerin oder des Pflegers vielleicht der einzige über viele Stunden ist. Freude, Scham, Angst, Stolz, Eitelkeiten, Verbundenheit, Zuwendung, Verlässlichkeit, Geselligkeit, Mitmenschlichkeit – alles, was den Vorgang der Hilfe beim Essen sozialarbeiterisch, pflegerisch und vor allem menschlich ausmacht, alles was ihn zu etwas Besonderem macht, muss ebenso ausgeblendet werden wie die Tatsache, dass der Mensch, dem geholfen wird, eine ganz individuelle Biografie hat, eine ganz individuelle Geschichte. All das *zählt* nicht – im wahrsten Sinne des Wortes – und ist daher geflissentlich auszublenden, soll die Leistung »Hilfe bei der Nahrungsaufnahme« messbar, in Geld berechenbar und marktgängig werden. Nach fünfzehn oder zwanzig Minuten hat der Vorgang beendet zu sein – ganz egal, was sich alles bei dieser »Hilfe zur Nahrungsaufnahme« abspielt, ganz egal, was fachlich wirklich angezeigt wäre, ganz egal, wie es den Menschen geht. Für den Marktpreis zählt allein die kontextlose, verallgemeinerte, abstrahierte und abrechnungstechnisch entmenschlichte »Hilfe zur Nahrungsaufnahme«.

Wie weit ist dies ethisch und fachlich noch zu legitimieren und zu verantworten? Diese Frage darf man sich nicht stellen, will man an Marktmechanismen orientiert bleiben. Quantifizieren, Messbar-Machen, Vergleichen, in Entgelten ausdrücken, das ist die Kette, die die Sichtweise vorgibt.

Wir sind damit beim eigentlichen Problem der Ökonomisierung des Sozialen angekommen: die Vereinfachung des

Komplexen, die Verallgemeinerung des Einzigartigen, die Banalisierung des Besonderen. Und wir sind damit auch bei der alles entscheidenden Frage: Ist nämlich das, womit wir es in der sozialen Arbeit, in der Pflege und in der Erziehung zu tun haben, ökonomistischen Prinzipien überhaupt zugänglich, ohne Pfusch zu betreiben? Die Antwort ist ein klares Nein!

Soziale Arbeit ist immer Beziehungsarbeit, sie hat immer mit der Verhaltensänderung von Menschen zu tun. Und wenn es eine gute soziale Arbeit ist, dann strebt sie den Erhalt und den Gewinn von Kompetenzen an.

Jede pädagogische oder pflegerische Beziehung ist einzigartig (im ganz wertfreien Sinn), weil jeder Mensch mit seiner ganzen Geschichte einzigartig ist. Häufig können wir am Anfang einer (pädagogischen) Beziehung gar nicht genau sagen, »wohin die Reise gehen wird«. Bereits mit der Beschreibung des Problems durch den Klienten beginnt soziale Arbeit. Das Bestimmen der Ziele und die Beschreibung des Weges dorthin sind häufig genug offene Prozesse. Geht es los, kann unterwegs viel passieren. Die Überführung dieser Beziehung mit offenem Ausgang in ökonomistische Strukturen, die auf klare Leistungsbeschreibungen, Zielformulierungen und die Feststellung der Zielerreichung abzielen, hat für die Profis häufig genug die Folge, dass sie ihre Fachlichkeit mehr oder weniger hintanstellen müssen.

Stellen Sie sich ein sichtlich gestresstes Elternpaar vor, das mit seinem Zögling in eine pädagogische Beratungsstelle kommt und klagt: Der Sohn sei nur noch verstockt, in der Schule erfolge ein dramatischer Leistungsabfall, auch die Lehrer seien hilflos. Dazu ein Sohn, der klagt, dass er einfach keinen Bock mehr auf Schule habe und die Eltern ihn nicht verstehen wollten ... Wie sollte da ein Kostenvoranschlag aussehen? Was ist überhaupt das Problem, das gelöst werden soll? Wer hat eigentlich welche Ziele? Was in einer solchen Situation tatsächlich ansteht, ist das Gewinnen einer vertrauensvollen Beziehung. Was gebraucht wird, ist viel Phantasie und ein sehr langer Atem.

Die Beziehung ist das A und O im Sozialen. Sei es in der Schuldnerberatungsstelle, in der Suchthilfe oder bei der familienpädagogischen Hilfe: In der Beziehung werden die Probleme, um die es gehen soll, erst einmal »ausgehandelt«, werden gemeinsam die Ziele definiert, ändern sich Einstellungen und Verhaltensweisen. Eine Beziehung, das weiß und kennt jeder, ist immer dynamisch, immer im Fluss. Das ist beileibe nicht nur bei erzieherischen oder beratenden Tätigkeiten so. Auch für eine Pflege, die den Menschen als Menschen und den Pflegebedürftigen mit all seinen Potentialen ernst nimmt, gilt: Wer qualifizierte Pflege betreiben will, wird häufig gar nicht sagen können, ob dieser Mensch ein, zwei oder drei Stunden Zuwendung am Tag benötigt. Er wird häufig gar nicht sagen können, welche Potentiale vielleicht noch unentdeckt sind, die man fördern kann und aus moralischen Gründen fördern muss (auch ganz ohne sozialen Mehrwert).

Der allgegenwärtige Zahlenfetisch: Von Schulnoten und anderen Schein-Kennziffern

Ökonomisierung läuft immer auf Vergeldlichung und damit auf die Quantifizierung von Qualitäten hinaus. Es verwundert daher nicht, wenn ein überstrapazierter Empirismus und gelegentlich auch ganz platte Zahlenhuberei sozusagen die Kehrseite der Ökonomisierung darstellen. Wo Qualitäten kaum noch eine Rolle spielen, schlägt die große Stunde des Zahlenfetisch, des Glaubens an quasi-objektive Messergebnisse und Kennzahlen, wie wir bereits am Beispiel der Pflegenoten sahen.

Zu welchen Fehlsteuerungen solcher Zahlen- und Ziffernfetisch im Sozialen führen kann, dafür bot vor gar nicht allzu langer Zeit auch wieder einmal die Bundesagentur für Arbeit das passende Beispiel, seit der Jahrtausendwende ja selbst auf modernste Betriebswirtschaft getrimmt. Die Steuerung dieser Mammutagentur mit ihren über 100 000 Mitarbeitern in über hundert Regionalagenturen mit hunderten von Dependancen erfolgt vor allem mittels Zielvereinbarungen. Es werden – ganz State of the Art – strategische Geschäftsfelder umrissen: etwa »Kunden ohne Abschluss zu Fachkräften ausbilden« oder »Markterschließung für Berufseinsteiger/innen«. Es werden sodann Ziele definiert: etwa die »Verbesserung der Integration in Erwerbstätigkeit« oder die »Verkürzung der Dauer der Arbeitslosigkeit«. Diese Ziele werden anschließend selbstverständlich quantifiziert; Zielwerte werden ausgegeben, die die einzelnen Dienststellen erreichen sollen.

Es ist üblich, mit Führungskräften Zielvereinbarungen abzuschließen. Die Zielerreichung geht in die Beurteilung der Führungskraft und natürlich auch in die Bemessung der Leistungsgratifikationen ein. Man kennt dieses Steuerungssystem aus so gut wie allen kennzahlengesteuerten Konzernen. Und es kann auch sehr effektiv sein, wenn von der Zielerreichung am Jahresende tatsächlich das Gehalt abhängt. Der Mitarbeiter wird sich nämlich mit seinen Bemühungen ganz auf die Zielindikatoren fokussieren, die das meiste Geld bringen.

Dieser Zielindikator war im Falle der Bundesagentur die schnelle Vermittlung leicht vermittelbarer Kurzzeitarbeitsloser, die am ehesten auch ohne Hilfe wieder einen Job gefunden hätten, wie der Rechnungshof im November 2012 rügte.[2] Jede Vermittlung, ob leicht oder schwierig, hätte im internen Zielerreichungssystem den gleichen Wert gehabt. Die Folge: Für mehr als die Hälfte der Langzeitarbeitslosen wurde monatelang kein »Stellensuchlauf« in der EDV gemacht. Zu fast der Hälfte von ihnen wurde überhaupt kein ernstzunehmender Kontakt aufgenommen. Kennziffersysteme, Effizienz und Bundesagentur: Es ist wie mit den Geistern, die man rief und nun nicht mehr loswird.

Ausgerechnet der Bundesrechnungshof, nicht gerade bekannt als eine Hochburg sozialer Arbeit, muss die Bundesagentur auf die Grenzen ökonomistischer Zielsteuerung hinweisen: »Wir halten es für unerlässlich, die Zielerreichung nicht nur quantitativ, sondern auch und vor allem qualitativ zu betrachten. Nicht nur das äußere Ob der Zielerreichung ist entscheidend, sondern vor allem das inhaltliche Wie. Die Bundesagentur muss deshalb fachaufsichtlich sicherstellen, dass die Agentur tatsächlich am Ziel – und nicht an einer Kennzahl – arbeitet.«[3] Das Bundesarbeitsministerium mahnt der Rechnungshof, selbst im Blick haben zu müssen, dass Personen mit besonderen Eingliederungshindernissen auch besondere Unterstützung erführen. Sollte es »feststellen, dass die Bundesagentur ihrem gesetzlichen Auftrag einer verstärkten vermittlerischen Unterstützung für Personen mit erschwerter beruflicher Eingliederung nicht oder nur unzureichend nachkommt, muss es rechtsaufsichtlich tätig werden.«[4]

Das war nett und gut gemeint vom Rechnungshof, aber so etwas nennt man wohl »den Bock zum Gärtner machen«. Ausgerechnet eine Bundesarbeitsministerin von der Leyen, die sich wie keine andere darauf verstand, arbeitsmarktpolitische Erfolgskennziffern zu verkaufen, und die gerade erst ökonomistischen Nützlichkeitsüberlegungen folgend Milliarden für die Unterstützung Langzeitarbeitsloser gestrichen hatte, sollte nun darauf achten, dass sich die Bundesagentur auch sorgsam um die aufwendige Integration dieser Menschen kümmert ...

Zu demselben Ergebnis wie der Bundesrechnungshof kam übrigens schon drei Jahre früher Eberhard Einsiedler, Hauptpersonalratsvorsitzender der Bundesagentur für Arbeit und bekannt dafür, Missstände in klarer Sprache anzuprangern. Schon 2009 schrieb er dem Chef der Bundesagentur, Frank-Jürgen Weise: »Es muss Schluss sein mit dem Zahlenfetischismus! Ich bitte Sie dringend, pfeifen Sie Ihre Zahlenknechte zurück und schaffen Sie Platz für eine Führungskultur, die die Erbringung echter Arbeitsergebnisse fördert.«[5]

Zahlenfetischismus bringt es eigentlich ganz gut auf den Punkt: ein Zahlenfetischismus, der den Blick auf den Menschen verstellt und der Unvergleichliches so lange platt klopft, bis es endlich vergleichbar wird. Wie selbstverständlich haben wir uns daran gewöhnt, alles mit Ziffern zu bewerten und so zu tun, als könne man Qualitäten beliebig in Zahlenwerten (vorzugsweise zwischen 1 und 6) ausdrücken. Scheinmessungen wohin man schaut, denn hinter den Zahlen finden sich am Ende doch nur subjektive Einschätzungen. Von der B-Note beim Eiskunstlauf über die Haltungsnote beim Skispringen bis hin zur Sternevergabe für leckeres Essen mag man das alles ja noch recht lustig finden. Hochproblematisch wird es jedoch, wenn aus Spaß Ernst wird wie bei einem unserer ältesten und wohl prägendsten Zahlenfetische dieser Art: den Schulnoten.

Mit den Schulnoten verhält es sich ganz ähnlich wie mit den Prognosen des Sachverständigenrates für Wirtschaft: Alle wissen, dass sie etwas vorgeben, was sie nicht einlösen können. Alle wissen, dass sie eigentlich ein Unfug sind. Doch haben wir uns über Generationen einfach an sie gewöhnt. Und außerdem hängt ein ganzes (Glaubens-)System der Förderung und Aussonderung daran. Daher macht es Sinn, sich zumindest kurz mit diesem jahrhundertealten System der Scheinmessung und Banalisierung des Besonderen auseinanderzusetzen, seiner Ignoranz und seinem unaufhaltsamen Vormarsch in Gestalt der PISA-Studien.

Schulbenotung heißt erst einmal, ein Kind zum Zwecke der Vergleichbarkeit auf irgendeine, meist kognitive Fähigkeit in irgendeinem Fach zu reduzieren. Dazu gibt es in der Regel eine mündliche und eine schriftliche Zensur pro Schuljahr. Bei der mündlichen Note handelt es sich jedoch in der Regel um nichts anderes als einen in Zahlen ausgedrückten, sehr subjektiven und folglich völlig unkontrollierten Eindruck eines Lehrers über die Beteiligung des Kindes am Unterricht, die sich wiederum in aller Regel darin zeigen soll, dass es seinen Finger in die Luft streckt und interessiert dreinschaut. Die schriftliche Note basiert meist auf zwei oder drei schriftlichen Tests, Momentaufnahmen, denen kein ernstzunehmender Empiriker jemals attestieren würde, sie könnten seriös etwas über die Leistungsfähigkeit eines Kindes am Ende eines Schuljahres aussagen.

Jeder Pädagoge weiß ohnehin, dass derlei Bezifferung dem Kind und seiner Entwicklung ebenso wenig gerecht wird wie dem humanistischen Bildungsideal, dem sich Schule ja angeblich noch immer verpflichtet fühlt. Wir wissen auch, dass ein Kind sich immer als Ganzes, als gesamte Persönlichkeit entwickelt und dass es deshalb auch müßig ist zu glauben, man könne eine Fähigkeit isolieren und fördern. Ebenso wissen wir, dass Persönlichkeitsentwicklung, Bildung und Lernen niemals nur kognitiv über den Kopf stattfinden, sondern immer in einem ganz engen Zusammenspiel mit Emotionen, Lebensgefühl, Selbstbewusstsein, sozialem Verhalten und dem Erleben des Körpers. Und trotzdem: Am Ende interessieren nur noch empirisch fragwürdige Noten und Punkte, die vermeintlich Auskunft geben sollen über die weitere Bildbarkeit und die »wirtschaftlichen Verwertungsmöglichkeiten« des jungen Menschen. Ob der Einser-Abiturient seinen Erfolg vielleicht zum Preis einer hochneurotischen Persönlichkeit erkauft hat oder ob er ein ausgeglichener Typ ist, ob er todunglücklich ist oder lebensfroh, ob hinter all diesen Einsen vielleicht vor allem unkritische Disziplin und blinder Ehrgeiz stehen oder wirkliches Interesse an der Sache – all das lässt sich nun einmal nicht messen. Aber das interessiert ganz offensichtlich auch nicht allzu sehr.

Auf die Spitze treiben diesen empiristischen Unfug regelmäßig die vielzitierten PISA-Studien.[6] Wie eine Planierraupe rollten sie erstmalig im Jahr 2000 zwischen Hongkong, Istanbul, Vancouver und Seoul über Kulturen und Mentalitäten von Schulen, Lehrern und Kindern hinweg, um Leistungsfähigkeit in Lesen, Mathematik und Naturwissenschaften zu isolieren und scheinbar weltweit vergleichbar zu machen. Hart traf die erste Testwelle die deutsche Kulturnation, das Volk der Dichter, Denker und Ingenieure: Deutschland auf Platz 20! Der Begriff »PISA-Schock« war geboren (so wie der »Sputnik-Schock«, als die Sowjetunion erstmals einen Satelliten in die Erdumlaufbahn schoss). Mit einer (verlorenen) PISA-Generation dummer, unfähiger Kinder sah man sich plötzlich konfrontiert. Dem Schock folgten hektischste Diskussionen, was bildungspolitisch zu tun sei (die übrigens bis heute anhalten, während unsere Kinder nach wie vor »Herr von Ribbeck auf Ribbeck im Havelland« und »Die Glocke« auswendig lernen dürfen und sich vornehmlich sitzend in 45-Minuten-Einheiten irgendwelches Wissen einverleiben sollen).

Verstörte Eltern versuchten derweil, für ihre Kinder Platz in einem der wenigen Rettungsboote namens Privatschulen zu finden. Auf den Elternabenden der öffentlichen Schulen wurde die Atmosphäre zunehmend frostiger. Unsere leistungsorientierte Mittelschicht begann Druck zu machen: Ist der Unterricht auch anspruchsvoll genug? Wie sieht es mit Begabtenförderung aus? Warum geht es in Englisch so langsam voran?

Man weiß zwar nicht warum, aber im Laufe der Jahre und der PISA-Tests ging es durchaus bergauf: Immerhin belegte Deutschland 2012 in Mathematik bereits Platz 10, im Lesen Platz 13 und in Naturwissenschaften sogar Platz 7!

Worüber allerdings kaum berichtet wurde, obwohl diese Ergebnisse einer breiten pädagogischen Diskussion absolut wert gewesen wären: Die PISA-Tester haben 2012 auch gefragt, ob sich die Kinder auf ihren Schulen glücklich fühlen.[7] Den letzten Platz belegte das in Lesen, Rechnen und Naturwissenschaft doch so vorbildliche Südkorea, bekannt aber auch für den harten Drill seiner Zöglinge und die höchste Suizidrate unter den OECD-Ländern.[8] Gerade mal 60 Prozent der koreanischen Schüler meinten, auf ihrer Schule glücklich zu sein. Am glücklichsten scheinen dagegen die Schüler in Indonesien zu sein (über 90 Prozent Glücksquote), das in Naturwissenschaften und Rechnen einen miserablen vorletzten Platz einnimmt. Allerletzter im Mathe-Ranking war Peru, das dafür aber in der Disziplin »glückliche Kinder« einen dritten Rang belegte. Auch für Kasachstan, Kolumbien oder Thailand gilt: ganz schlecht in Mathe, dafür aber über 90 Prozent Kinder und Jugendliche, die von sich sagen, auf ihrer Schule glücklich zu sein.

Und nun? Machen schlechte Mathe-Leistungen glücklich oder hindert Glück am Mathe-Erfolg? Oder sind gar Kinder suizidgefährdeter Eltern die besseren Schüler? Spätestens jetzt hätte auch dem größten pädagogischen Banausen auffallen müssen, wie platt PISA tatsächlich ist und wie extrem beschränkt. PISA ist empiristischer Messfetisch ohne Berücksichtigung irgendeines Kontextes, der Unvergleichbares vergleicht und bis zur Unerträglichkeit vereinfacht.

In betriebswirtschaftlicher Sprache sind Noten – auch Schulnoten – eigentlich nichts anderes als (Schein-) »Kennziffern«; eines der ganz wesentlichen betriebswirtschaftlichen Diagnose- und Steuerungsinstrumente. Sie gehören zum A und O des betriebswirtschaftlichen Handwerks. Kennzahlen zum Cashflow, zum Umsatz, zur Betriebsgröße, zur Liquidität oder der Kapitalrentabilität. Für Kaufleute, Betriebs- und Volkswirte oder Banker sind Kennziffern (und das meine ich im Übrigen ganz wertfrei) eine ganz eigene Form der Wahrnehmung von Realitäten.

Die Wirkungsmessung der Analysten und ein schlauer Kaplan

Es ist überhaupt nicht erstaunlich, dass der neueste Trend des übergriffigen Ökonomismus aus der Wirtschafts- und Kennzifferszene kommt: Die »Wirkungsmessung« oder Benotung sozialer Arbeit werden sozusagen als »letzter Schrei« verkauft. Selbst die komplexesten und diffusesten Wirkungen von sozialen Organisationen werden auf einfachste Kennziffern reduziert und aufgemotzt mit Schein-Arithmetik und reichlich sprachlichem Popanz und Anglizismen, die wohl Internationalität und internationalen Standard suggerieren sollen (Schuberts Unvollendete in Kennziffern sozusagen, Special Edition für Musikbanausen und Hörgeschädigte).

Es ist ein Trend, der beispielhaft stehen kann für die Versuche von Finanzwelt und Industrie, sich des Sozialen zu bemächtigen und es ihrem Denken und ihren Methoden zu unterwerfen: der betriebswirtschaftliche Tunnelblick als bevorzugte Perspektive. Paradebeispiel hierfür ist die Bertelsmann Stiftung. Es lohnt ein genauerer Blick darauf, was sich gerade über Deutschlands Sozialwesen, über die sozialen Einrichtungen und sogar über die vielen kleinen sozialen Initiativen auszubreiten versucht.

Eigentlich geht es vor allem um die Kanalisierung von Spendengeldern. Der Raubbau an Traditionen, Theorien und Denkweisen des Sozialen, der dabei stattfindet, ist nur ein Begleitschaden, der nun mal auftreten kann, wenn Marktgrößen im Sozialen herumstiefeln. Und es ist ein Milliardenmarkt: Rund fünf Milliarden Euro werden nach Angaben des Deutschen Zentralinstituts für soziale Fragen, einem der

Spendenwächter in Deutschland, hierzulande im Jahr privat gespendet; davon sind rund 500 Millionen Euro Unternehmensspenden, mit denen vor allem Großunternehmen den Nachweis ihrer sozialen Verantwortung dokumentieren wollen (im branchenüblichen Anglizismus auch »Corporate Social Responsibility«, kurz: CSR genannt). Bereits 2007 machte sich die Gütersloher Bertelsmann Stiftung daher auf den Weg, »Orientierungshilfen« für »soziale Investoren« geben zu wollen. Zielgruppe: vor allem Großspender aus der Wirtschaft. Man suchte Partner zum Aufbau eines schlagkräftigen Unternehmens und gründete 2010 schließlich die gemeinnützige Phineo Aktiengesellschaft. Hauptgesellschafter ist neben der Bertelsmann Stiftung die Deutsche Börse.[9] Weiterhin als kleinere Gesellschafter mit im Boot: die Wirtschaftsprüfungsgesellschaft KPMG, einer der Marktführer der Branche, die Wirtschaftsprüfungsgesellschaft PricewaterhouseCoopers, ebenfalls einer der ganz großen, und die Stiftung Mercator, gegründet von der Familie Schmidt, wiederum einer der Hauptanteilseigner der Metro-Gruppe. Als »ideelle Gesellschafter« nennt Phineo den Verein Aktive Bürgerschaft e.V. (der Selbstdarstellung des Vereins folgend »das Kompetenzzentrum für Bürgerengagement der Volksbanken Raiffeisenbanken«[10]), den Stifterverband für die Deutsche Wissenschaft (eine Stiftung der deutschen Wirtschaft, deren Vorstand sich liest wie eine Auflistung der deutschen DAX-Unternehmen[11]) sowie ein englisches Unternehmen namens »New Philanthropy Capital« mit Sitz in London, gegründet von zwei Ex-Mitarbeitern der Investmentbank Goldman Sachs (sozusagen das englische Pendant zu Phineo).

Im Aufsichtsrat von Phineo sitzt Brigitte Mohn, Vorstandsmitglied der Bertelsmann Stiftung. Sie hat auch den

Vorsitz inne. Stellvertretender Aufsichtsratsvorsitzender ist Michael Peters, Vorstandsmitglied der Eurex AG, eine der weltgrößten Termingeschäftsbörsen für sogenannte Finanzderivate. Außerdem im Aufsichtsrat: Robert Gutsche, Mitglied des Vorstands von KPMG, Bernhard Lorentz, bis vor einiger Zeit Chef der Mercator-Stiftung, Andreas Schlüter, Generalsekretär des Deutschen Stifterverbandes für die Wissenschaft, und – offensichtlich zuständig für den wissenschaftlichen Input – Helmut Anheier. Er ist als Professor der Soziologie und Direktor des Centrums für soziale Investitionen und Innovationen an der Universität Heidelberg einer der akademischen Protagonisten der sozialen Wirkungsforschung und des Konzepts »Social Return on Investment« in Deutschland.

Wie so häufig in solchen Konstellationen umgibt man sich mit einem Beirat, der berät, aber die trockene Veranstaltung auch etwas auflockert, bunter macht und schön anzuschauen ist, wie er personell Brücken schlägt in die Gesellschaft. Und der Brückenbogen kann schon mal erstaunlich weit werden: von TV-Größen wie Eckart von Hirschhausen (selbst »Stifter«) über den Aufsichtsratsvorsitzenden der Morgan-Stanley-Bank bis zum Professor der privaten Sigmund-Freud-Universität und (praktischerweise) des »Instituts für vergleichende Vermögenskultur« in Wien. Berührungsängste darf man in solchen Beiräten nicht haben.

Insbesondere die Hauptgesellschafter statteten Phineo mit einem Millionenetat aus, damit die mittlerweile 35 Mitarbeiter starke Truppe zu Werke gehen konnte. Was tun sie? Sie checken soziale Vereine und Organisationen durch, ob sie geeignet sind, sie Spendern zu empfehlen. Kommt Phineo zu dem Schluss, dass sie dessen würdig sind, bekommt die Organisation ein sogenanntes »Wirkt-Siegel« (das aussieht wie eine Reklame für Kopfschmerztabletten). Laut Phineos Eigenwerbung geht es um die Identifizierung »leistungsfähiger Organisationen«[12], um den bestmöglichen gesellschaftlichen Nutzen, um den Mehrwert, um die »nachweisliche Wirkung« sozialer Projekte.[13] So will man die Spreu vom Weizen trennen. Die Botschaft ist eigentlich ziemlich unmissverständlich: Schluss mit diesem diffusen, intransparenten und ineffizienten Gutmenschentum ohne Mehrwert, zumindest für intelligente Spender. Die wollen Fakten zur Wirkungseffizienz. Und die sollen sie nach Phineo auch bekommen, und zwar in einer Sprache und Denke und mit Methoden, die von Bankern und Industriellen auch verstanden werden: nämlich die der Betriebswirtschaft.

Unter die Lupe genommen werden die Vereine von Personen, die bei Phineo Analysten genannt werden – in offensichtlicher Anlehnung an die uns allen aus den Börsennachrichten bekannten Wertpapier- und Unternehmensanalysten. Diese schauen sich die Ziele und die Zielgruppen des Projektes an, das Konzept, das Personal, ob und wie die Organisation ihre Leistungen und Wirkungen erfasst. Außerdem prüfen sie, ob eine strategische Planung vorliegt, wie Finanzen und Controlling aussehen und so weiter und so fort … Neues findet man da nicht. Nichts, was nicht ohnehin Standard wäre, wenn man mit der Organisationsentwicklung von Vereinen und sozialen Projekten zu tun hat. Für erfahrene Profis ist das vor allem »kalter Kaffee«.

Zu messen gibt es ebenfalls nicht viel. Auch hier herrscht mehr Schein als Sein. Ähnlich wie bei den Schulnoten geht es im Wesentlichen um Einschätzungen zur Güte eines Konzeptes, der Öffentlichkeitsarbeit oder des ausgewählten Personals; es sind bloß Einschätzungen, die aber gleich viel objektiver und fundierter klingen (sollen), wenn sie von einem »Analysten« kommen.

Damit es aber nicht einfach bei irgendwelchen Einschätzungen bleibt, sondern auch besagte Kennzahlen dabei herauskommen, werden Zensuren und Sternchen vergeben. Das erinnert dann – auch schon optisch – sehr an einen Restaurantführer. Von der Kategorie »Ansatz- und Konzept« über »Vision und Strategie« bis zu »Transparenz und Öffentlichkeitsarbeit« gilt: Ein Stern steht für »entwicklungsbedürftig«, fünf Sterne bedeuten »herausragend«. Viel heiße Luft, die unterlegt ist mit dem gelegentlich ins Komische abgleitenden Versuch eines eigenen Fachjargons, einer mit ökonomistischen Anglizismen durchsetzten Kunstsprache, für die Phineo extra ein eigenes »Universal-Wörterbuch Social« erstellt hat. Hier dürfen Sie dann Sätze lesen wie: »Welchen Social Change sie (die gemeinnützigen Organisationen, Anm. d. V.) wie herbeiführen wollen, können sie mittels einer eigenen Theory of Change festlegen und später Outcomes und Impacts mit Social Impact Measurement überprüfen.«[14] Alles klar?

Nun kann man sicherlich herzlich lachen über die eine oder andere Stilblüte und den sprachlichen Popanz. Aber ich sagte es schon an anderer Stelle: Sprache ist mächtig. Mit Sprache lässt sich über lange Sicht tatsächlich die Realität verändern, weil Sprache – wenn man sich erst einmal auf sie einlässt – Bewusstsein verändert, Möglichkeiten der Reflexion nimmt und andere gibt. Weg vom Sozialen, hin zum Markt. Weg von kreativer Vielfalt, hin zu stromlinienförmiger, betriebswirtschaftlicher Effizienz.

Zu guter Letzt landet die Organisation, deren Projekt den Analysten siegelreif erscheint, noch in einer sogenannten »Empfehlungskommission«, die abschließend darüber entscheidet, ob das Projekt nun wirklich gute soziale Arbeit leistet und tatsächlich empfohlen werden soll. Diesem Gremium gehören an: ein gelernter Schreiner, Gentechniker und Wirtschaftswissenschaftler, tätig für die Bayer AG beziehungsweise deren Stiftung; ein Wirtschaftswissenschaftler, tätig für die Triodos Bank; eine Bankkauffrau und Juristin, tätig für die Baden-Württembergische Bank; ein Jurist, tätig für Aldi Süd; ein studierter Elektrotechniker, tätig für die Henkel AG; eine gelernte Diplom-Ökonomin, Professorin an der Hochschule für Wirtschaft und Recht in Berlin; ein Verwaltungsfachwirt, tätig für den Städte- und Gemeindebund; ein Professor für Betriebswirtschaftslehre an der Evangelischen Fachhochschule Darmstadt; ein Psychologe, tätig für eine Consulting-Firma; sowie eine studierte Theologin, Pädagogin und vor allem wohl Mitbegründerin einer Stiftung.[15]

Ohne auch nur irgendeiner dieser Persönlichkeiten zu nahe treten zu wollen – sie alle leisten ganz sicher wertvolle Arbeit für ihre Unternehmen –, muss jedoch auch festgestellt werden: Damit trifft ein Kreis die Letztentscheidung über die Empfehlungswürdigkeit, dessen Mitglieder von der Ausbildung her ganz überwiegend alles andere als vom Fach sind, die in ihren Ausbildungen stattdessen überwiegend gelernt haben, in betriebswirtschaftlichen und juristischen Kategorien zu denken und zu entscheiden. Es überwiegen Ökonomen und Juristen, die in der Mehrzahl tätig sind für Konzerne wie Aldi, Bayer, Henkel oder auch für Banken, also Menschen, die in genau diesem Business und seiner marktgetriebenen Kultur beruflich groß geworden sind und sich dort höchstwahrscheinlich ganz selbstverständlich zu bewegen wissen. Und die damit – das darf man getrost unterstellen, ohne ehrenrührig zu werden – relativ weit weg sind vom sozialarbeiterischen Alltag und Ethos und von sozialpädagogischer Theorie. Man stelle sich vor, Volkswagen ließe durch ein Gremium entscheiden, welche Fahrzeuge entwickelt werden, das in erster Linie aus Sozialarbeitern besteht, die in der Schulsozialarbeit oder in Streetworking-Projekten tätig sind ...

Phineo ist damit in der Tat der Prototyp eines durch und durch von der Wirtschaft getragenen und dominierten Instituts in dem Bemühen, dem Sozialen seine einfachen Kategorien von Wirkung überzustülpen, seine marktgeprägte Herangehensweise an das Soziale, bei der am Ende zwischen einem und fünf Sternchen verteilt werden. Und das an Projekte, die in der Realität viel zu komplex und zum Teil auch zu diffus sind, um ihnen mit solch einfachen Bewertungen gerecht werden zu können.

Ich will an einem für die Jugend- und Sozialarbeit sehr typischen Beispiel verdeutlichen, was ich meine: Als ich etwa neun Jahre alt war, war ich bei den Pfadfindern. Der Kaplan unserer Pfarrgemeinde schickte uns zur Adventszeit aus, um älteren Damen, die allein lebten, ein Pfund Kaffee vorbeizubringen. Was wir auch taten. Ein soziales Projekt zweifelsohne. Aber was waren Intention und Wirkung? Wie hätten wir sie messen sollen? Dass jede ältere Dame in der Gemeinde Kaffee erhält, dürfte kaum das Ziel gewesen sein, wäre jedoch leicht »messbar« gewesen. Dass ältere Damen, die vielleicht allein sind, Besuch von einem netten Pfadfinder bekommen und sich dabei gut fühlen? Schon eher, aber der Erfolg wäre nicht mehr mess- und nachweisbar gewesen. Man hätte die alten Damen schon fragen müssen, ob sie wirklich allein sind, ob sie sich auch allein fühlen, ob sie tatsächlich Besuch wollen oder ob sie sich vielleicht nur belästigt fühlen (und ohnehin auf Anraten des Arztes seit Jahren schon keinen Kaffee mehr trinken). Man hätte die Interaktion zwischen dem kleinen Pfadfinder und der alten Dame sehr genau beobachten müssen, um die Wirkung des Besuchs tatsächlich zu erfassen. Vielleicht findet sie den kleinen Jungen ja nur ungezogen und er sie vielleicht nur langweilig.

Theoretisch hätte man all dies sogar machen können. Nur wäre dann das schöne Projekt mit all seinen Begleitwirkungen zerstört gewesen: dass nämlich die kleinen Pfadfinder einfach Spaß hatten und vielleicht stolz waren auf das, was sie da taten, und dass man nämlich auch in der Pfarrgemeinde, im Gemeinwesen, stolz war, eine so tolle Pfadfindergruppe zu haben und eine lebendige Gemeinde, in der man sich kennt und keiner verloren geht. Wer weiß, vielleicht zielte unser Kaplan mit seinem kleinen Projekt zur Adventszeit ja auch vor allem darauf ab, junge Menschen schon früh für soziale Berufe zu begeistern, in der Hoffnung, dass der eine oder andere hängenbleibt im Sozialen (so wie es mir passiert ist). Unser Kaplan damals war schlau und verstand etwas von sozialer Arbeit und von Erziehung. Ich vermute, er hatte all das im Blick: die alte Frau, die sich vielleicht freut, vielleicht auch nicht (aber das wäre dann auch nicht so schlimm), die Jungen, die mit ihrer Aufgabe wuchsen und sich entwickelten, seine Pfarrgemeinde und auch die Nachwuchsakquise. Und er war vor allem so schlau, all dies nicht breitzutreten. Er hätte niemals irgendwelche Wirkungsmesser oder Analysten rangelassen und auch keine Ökonomen, die Sternchen verteilen und irgendwelchen Abgesandten von Großkonzernen und Banken Empfehlungen hätten geben wollen. Denn spätestens dann wäre das Projekt entzaubert worden, wäre aus dem fröhlichen und optimistischen »Wir machen dann mal, irgendwas Gutes wird schon rauskommen« ein banales, auf spezifische Wirkung und »Mehrwert« ausgerichtetes Projekt geworden.

Nicht, dass unser Kaplan keinen Sinn für Wirkung gehabt hätte, ganz im Gegenteil. Nicht, dass er nicht sehr genau analysierte und geschickt steuerte. Aber eines war ihm offensichtlich immer klar: In solchen Projekten steht die Gemeinschaft im Vordergrund, das Miteinander und der gemeinsame Spaß. Das Miteinander der Menschen trägt weiter als die herausgegriffene Wirkung eines einzelnen Projektes. Gute Gemeinwesenarbeit, gute ehrenamtliche Arbeit, gute Jugendarbeit lebt nicht von heute auf morgen, hängt sich nicht an Kennziffern, vermeintlichen Analysen und kurzfristigen Maßnahmen auf, sondern ist selbst Bestandteil des Gemeinwesens, langfristig und ganz unabhängig von spezifischen Wirkungen. Wenn eine Gruppe engagierter Damen einen Besuchsdienst in Pflegeheimen organisiert, wenn eine Gruppe chronisch kranker Menschen in wöchentlichen Treffs zusammenkommt, um sich gegenseitig zu stützen und zu beraten, wenn junge Menschen in Verbänden Kinder- und Jugendgruppen leiten oder sich Studentinnen und Studenten in einem Flüchtlingsheim engagieren, dann ist das der Kitt, der unsere Gesellschaft zusammenhält. Es ist die soziale Vielfalt und Lebendigkeit, die unser Sozialwesen ausmachen. Es ist das Engagement dieser Menschen, das ein Gemeinwesen interessant, bunt und lebenswert macht – völlig gleichgültig, wie die Wirkung in jedem einzelnen Fall aussehen mag. Es sind die Menschen in den sozialen Projekten, die so wertvoll sind und die unsere Gesellschaft so ungemein bereichern. Wer glaubt, nun Wirkungsanalysen durchführen oder Sternchen verteilen zu müssen, soll dies tun. Doch hat er ganz offensichtlich nicht verstanden, worum es im Sozialen und vor allem in unserer Zivilgesellschaft wirklich geht.

Es ist halt gänzlich anders als bei Aldi, bei Henkel, an der Börse, bei Morgan Stanley und anderen Unternehmen, die bei Phineo beteiligt sind, um Soziales und das Engagement von Menschen von oben herab bewerten und mit Spenden beglücken zu können.

Mut zur Menschlichkeit: Mehr Mensch statt Mehrwert

Je weiter wir auf dem Pfad der Ökonomisierung, der Vermessung, der Scheinvermessung und des Empirismus voranschreiten, umso mehr laufen wir Gefahr, die Fähigkeit qualitativen Denkens selbst zu verlieren, die Fähigkeit, Qualitäten zu vergleichen, in anderen Kategorien zu denken als in Zahlen, anders darzustellen und zu vergleichen als in Mess- und Kennziffern. Vieles, was bisher »selbstverständlicher« sozialpädagogischer Standard war, wird dabei auf der Strecke bleiben müssen.

Im praktischen Alltag laden wir all das, was Pädagogik und Beziehungsarbeit wirklich ausmacht, was wir jedoch für die Marktgängigkeit ausblenden, letztlich auf das Personal ab. Es sind die Menschen, die in den Einrichtungen arbeiten, denen wir es zu verdanken haben, wenn es trotz der fortschreitenden Ökonomisierung im Sozialen noch menschlich zugeht. Etwa die Pflegekraft, die noch ein paar Minuten am Bett der Pflegebedürftigen zubringt, obwohl sie eigentlich gar keine Zeit mehr hat, oder die Erzieherin, die es trotz zu großer Gruppen noch irgendwie schafft, kein Kind aus den Augen zu verlieren und diejenigen zu erkennen und für sie da zu sein, die sie besonders brauchen. Wir verlassen uns darauf, dass unsere Erzieherinnen, Sozialarbeiter oder Pfleger es schon irgendwie möglich machen, dass sie trotz marktkonformer oder empirischer Messung zugänglicher Leistungsbeschreibungen noch irgendwie Zeit für das Wesentliche in der sozialen Arbeit finden. Wenn wir trotz widriger Rahmenbedingungen noch so viel Menschlichkeit und Zuwendung im Sozialen antreffen, dann ist das ganz wesentlich dem großen Engagement der Menschen zu verdanken, die dort aus Überzeugung und mit Leidenschaft ihren Beruf ausüben (und keinen Job machen!).

Das Spannungsfeld zwischen Grundsatz und Umsatz, von dem ich eingangs sprach, existiert auf der Managementebene sozialer Einrichtungen zu Teilen gar nicht mehr. Überall dort nämlich, wo das Denken in messbaren Abrechenbarkeiten und Geldlichkeiten selbst bereits zum Grundsatz geworden ist, überall dort, wo alternative Denk- und Handlungslogiken mehr und mehr ausgeblendet werden, da sie in ökonomistischen Konzepten keinen Platz haben. Das Spannungsfeld zwischen Grundsatz und Umsatz verschiebt sich in solchen Einrichtungen von der Leitungsspitze zur einzelnen Erzieherin, zum Sozialarbeiter oder zur Pflegekraft. Es begegnet ihnen als Frage, wie sie trotz widriger Umstände im Umgang mit den ihnen anvertrauten Menschen noch ihren eigenen fachlichen Vorstellungen und ihrem Ethos gerecht werden können. Es ist weit mehr die Pflegekraft, die Erzieherin und der Sozialarbeiter als das Management, die den Spagat zwischen Grundsatz und Umsatz, zwischen sozialpädagogischer Fachlichkeit und ökonomistischen Rahmenbedingungen auszuhalten haben. Denn eine sozialpädagogisch begründete, fachlich qualifizierte Arbeitsweise kann niemals in taylorisierten, messbaren Arbeitsabläufen und verknappten Ressourcen aufgehen. Ökonomismus und die Verpflichtung zur Ganzheitlichkeit bleiben letztlich unvereinbar.

Was ist zu tun?

Das ist nicht leicht zu sagen, da alles stark verstrickt und tief durchdrungen ist von Ökonomismus und Vergeldlichung. Wir stecken sozusagen bis zum Scheitel drin, was es zwangsläufig schwer macht, den Überblick zu behalten, geschweige denn Alternativen zu denken.

Es geht für die politisch Verantwortlichen, für die Verbände und die Einrichtungen und Dienste im Sozialen und letztlich für uns alle im Kern darum, den blinden Ökonomismus, sein Denken in Geld- und Marktwert und seinen platten Empirismus wieder in die Schranken zu verweisen und klar abzustecken, wo er nichts zu suchen hat. Im Sozialen, in der Bildung, in der Erziehung und in der Familie hat der Mensch selbst im Mittelpunkt zu stehen, mit seiner jeweiligen Einzigartigkeit. Arithmetik kann dort immer nur fehl am Platz sein und letztlich nur kaputt machen.

»Strenge Rechnung, gute Freundschaft« – dieses Sprichwort ist somit das Falscheste, was wir beherzigen könnten. Freundschaft rechnet nicht. Freundschaft ist Geben und Nehmen, ohne Marktwerte, ohne Preise zu vergleichen und ohne nach Äquivalenten zu schielen. Schenken statt Tauschen gilt in der Freundschaft. Aber auch annehmen können, ohne in barer Münze rückzahlen zu wollen. Großmut statt kleinlichem Abgleich kennzeichnet wirkliche Freundschaft. Revanche schon, aber ohne auf den Preis zu schauen. Wir zerstören das, was Freundschaft ausmacht, sobald wir beginnen, aufzurechnen und unsere Geschenke als Kredite zu empfinden, egal ob Gastgeschenke oder Weihnachtsgeschenke. Solange wir versuchen – im wahrsten Sinne des Wortes – aufzurechnen, werden wir Freundschaft, das Beschenkt-Werden wie das Schenken niemals genießen können, werden wahre Freundschaft und wahres Familienleben gar nicht entstehen können.

Stark ins Grübeln kam ich, als ich vor einiger Zeit bei einer privaten Feier mit einer neuen Unsitte konfrontiert wurde: dem Barcode-Scannen von Geschenken. Besonders gern wird das bei Weinflaschen praktiziert (mittlerweile verschenke ich schon gar keine Weine mehr). Neue Technologie und eine passende App im Smartphone machen es möglich: Kurz den Barcode einscannen und schon weiß man, was es gekostet hat. Es interessiert nicht mehr, weshalb man ausgerechnet diesen oder jenen Wein geschenkt bekommen hat, warum wohl jemand gerade diesen ausgesucht hat, weshalb jemand mit dem Geschenk eine Freude machen möchte und glaubt, es mit diesem Wein tun zu können. Nein, exakt all das, was eine gewöhnliche Flasche Wein aus irgendeinem Massensortiment zu einer besonderen hätte werden lassen können, wird ignoriert. Es interessiert nicht einmal mehr so sehr, ob und wie der Wein schmeckt. Entscheidend ist nur noch: Was hat der Wein gekostet? Um dann möglicherweise auch gleich dem nächsten ökonomistischen Trugschluss aufzusitzen, dass dieser Preis nämlich vielleicht etwas darüber aussagen könnte, was man demjenigen, der die Flasche geschenkt hat, wert sei ... Abgründig.

Wer sich in seinen Freundschaften jedoch freigemacht hat von ökonomistischen Reflexen, der wird sehen, wie beglückend, entspannend und erholsam es ist, sich wieder in freundschaftlichen oder nachbarschaftlichen Beziehungen zu bewegen, die wirklich frei sind von Abgleich und Verpflichtungen und damit wieder in viel tieferer Weise Verbindlichkeit, Zuwendung und echte Hilfsbereitschaft leben und erleben lassen. Wo wir mit Familie und Freunden zusammensitzen, sollten wir dem Ökonomismus nicht erlauben, am selben Tisch Platz zu nehmen. Ganz unbemerkt vergiftet er sonst die Runde, lässt sie erkalten.

Was hat das mit der Ökonomisierung des Sozialen zu tun? Viel! Denn erst wenn wir uns darüber klar werden, wie weit wir selbst bereits der Vergeldlichung erlegen sind, erst wenn wir uns aus ökonomistischen Gewohnheiten lösen und vermeintlich Selbstverständliches in unserem Alltag und unseren Beziehungen in Frage stellen, erst dann wird es gelingen, auch im Sozialen wieder den Menschen ganz in den Mittelpunkt zu rücken.

Sehr einfach ausgedrückt geht es im Sozialen darum, dass es genügend gut ausgebildete, kluge und zugewandte Menschen geben muss, die dafür ordentlich bezahlt werden, dass sie sich methodisch fundiert um andere Menschen kümmern und nicht im Minutentakt irgendwelche Module und Verrichtungen zu irgendwelchen Preisen abarbeiten oder irgendeine Schmalspurförderung betreiben. Das gilt für alle Bereiche, von der Sprachförderung bei Kindern bis zu Hilfen für Langzeitarbeitslose. Die Rahmenbedingungen müssen umfassende und gute soziale Arbeit ermöglichen, die den Menschen als Ganzes in den Blick nimmt und eine vertrauensvolle Beziehung zu ihm aufbaut. Dazu brauchen die Fachkräfte Zeit, fachliche Freiräume und Vertrauen.

Der ebenso langjährige (1987 bis 1999) wie populäre Berliner Ärztekammerpräsident Ellis Huber machte einmal den geradezu revolutionären Vorschlag, alle Ärzte einfach nach dem Tarifvertrag des öffentlichen Dienstes zu entlohnen – und sie ansonsten heilen zu lassen. Keine komplizierten Punktesysteme, keine detaillierten und bis ins Kleinste austarierten und ausgehandelten Preislisten für ärztliche Heilkunst, sondern ganz schlicht ein gut auskömmliches Einkommen gegen Vertrauen in das ärztliche Ethos. Das war zu jener Zeit vor dem neoliberalen Durchmarsch, als noch alles Mögliche gedacht werden konnte, ohne dass man gleich als Phantast und sozialromantischer Gutmensch in die Ecke gestellt wurde.

Dabei ist der Grundgedanke dieses damals schon provokant gemeinten Vorschlags nach wie vor durchaus richtig. Überall dort, wo es um Zuwendung geht, darum, Menschen zu begleiten, ihre Potentiale zu entdecken und zu fördern, sind Preisschilder und Kostenvoranschläge nun einmal die falschen Instrumente der Steuerung. Stattdessen muss Vertrauen herrschen, sowohl in die Kompetenz der Fachkräfte als auch in das Bemühen der Institution um Sparsamkeit und Wirtschaftlichkeit. Vom Pädagogen in der Beratungsstelle oder dem Jugendzentrum bis zum Familienpfleger gilt: Wenn der Mensch im Mittelpunkt der Arbeit stehen soll, dann muss man den Fachkräften auch zutrauen, dass sie tatsächlich das Wohl der Menschen im Auge haben und nicht ihr eigenes. Und man muss auch akzeptieren, dass es –

von der Pflege über die Beratung bis zur Erziehung – die Dienstleistung von der Stange zum Preis X nun einmal nicht gibt, sondern dass jedes einzelne Problem anders geartet ist und Leistung nach Maß braucht. Und genau deshalb benötigen unsere Fachkräfte ihre Spielräume. Wer morgens in das Schlafzimmer eines pflegebedürftigen Menschen kommt und feststellt, dass dieser sehr unruhig und schlecht geschlafen hat, der muss sowohl fachlich als auch von den Ressourcen her die Freiheit haben zu entscheiden, sich erst einmal zwanzig Minuten in Ruhe mit dem Menschen zu unterhalten, bevor die Morgenwäsche folgt.

Das Gegenargument zu einem solchen Vertrauensappell ist klar: »Aber dann werden ja Missbrauch, Faulheit und Verschwendung Tür und Tor geöffnet!« Und dieses Argument ist auch durchaus zu respektieren. Nur kann die Konsequenz nicht sein, deshalb »das Kind mit dem Bade auszuschütten« und zu einem marktwirtschaftlich orientierten Preis- und Wettbewerbssystem zu wechseln, in dem es vor allem das Ziel ist, auf keinen Fall mehr als irgendwie nötig zu zahlen und das Ganze dann als Effizienz zu verkaufen.

Wollen wir das Soziale im Sozialen nicht aufs Spiel setzen, kann die gebotene Konsequenz nur in vertrauensbildenden Maßnahmen liegen. Die sind im Übrigen ja auch schon mehr oder weniger üblich: regelmäßige Nachweise über die Qualifikation des eingesetzten Personals, regelmäßige Berichte über die Ergebnisse der Arbeit, die regelmäßige Befragung der Klientel selbst, die Vorlage von Wirtschaftsberichten und wirtschaftliche Prüfungen. All dies ist jedoch etwas völlig anderes als technokratische Leistungsbeschreibungen, geschweige denn scheinbare Leistungsmessung.

Das Problem ist, dass wir in der sozialen Arbeit ohne Vertrauen nicht auskommen, uns jedoch gleichzeitig immer konsequenter einer Marktlogik und einem System unterwerfen, für das Misstrauen geradezu konstitutiv ist. Wo selbst Ehe, Kinder und Freundschaft im Wesentlichen das Resultat individueller Kosten- und Nutzenabwägungen sind und wo sich die menschliche Natur vor allem durch das individuelle Streben nach dem eigenen Vorteil auszeichnet, muss jeder zwangsläufig und stets auf der Hut sein, nicht übervorteilt zu werden. Misstrauen wird damit zur Grundkonstante eines neoliberalen Wirtschafts- und Gesellschaftssystems.

Gewinnstreben, Egoismus und sogar Gier werden bei einer solchen Denkweise nicht nur als akzeptable und legitime, sondern sogar als die wahrscheinliche Konstante menschlichen Verhaltens angenommen. Als Motor wirtschaftlichen und gesellschaftlichen Erfolges sind sie geradezu sakrosankt. Auf dieser Basis ist es nur folgerichtig, Strukturen schaffen zu wollen, in denen die Gier des Menschen durch institutionelles und vollständiges Misstrauen in den Griff bekommen werden soll. Wir versuchen Systeme zu schaffen, die kein Vertrauen mehr brauchen und damit dem misanthropischen Bild des Neoliberalismus gerecht werden.

Im Kern dieses Systems, in dem alles und jedes nach Möglichkeit vergeldlicht und bepreist wird, steht der vielgepriesene Preiswettbewerb. Konkurrenz soll dafür sorgen – so zumindest die Theorie –, dass die Preise »marktgerecht« bleiben, das heißt irgendwie angemessen und irgendwie fair. Ein Kartellamt soll dafür sorgen, dass dieser Konkurrenzkampf funktioniert, und eingreifen, wo Preisabsprachen stattfinden oder ein Anbieter eine marktbeherrschende Position einnimmt und sie dazu nutzt, »überhöhte Preise« durchzusetzen. Das (Konkurrenz-)System soll praktisch gewährleisten, dass der individuelle Vorteil auf dem Markt nicht in regelmäßiger Preis-Übervorteilung des Gegenübers gesucht wird. Und wo der Wettbewerb dazu tendiert, die Rendite mittels stetig sinkender Qualität zu suchen, werden notdürftige Schranken des Verbraucherschutzes, des Mieterschutzes bis hin zu Hygienevorschriften in Gaststätten und vieles mehr erfunden. Die naturgemäße Kehrseite der Medaille heißt Kontrolle – ob in landwirtschaftlichen Betrieben, Schnellrestaurants oder mittels staatlich geförderter Warentests, die schwarze Schafe unerbittlich abstrafen sollen. Misstrauen als Prinzip.

Nicht falsch verstehen: Es wäre blauäugig, davon auszugehen, es funktioniere ganz ohne Misstrauen und Kontrolle. In der Tat geht es immer auch um den Schutz derer, die auf dem Markt in der schwächeren Position sind, gerade auch des Kunden mit dem kleineren Geldbeutel. Es wäre jedoch genauso verfehlt zu glauben, mit einem solchen marktwirtschaftlich orientierten Misstrauenskonzept tatsächlich alle Bereiche dieser Gesellschaft, in denen Leistungsaustausch stattfindet, regeln zu können. Wir versuchen mittels Gesetzen, Verordnungen, quantifizierbaren Leistungsbeschreibungen und Kontrollen ein System zu schaffen, in dem der dem Menschen unterstellte Egoismus und sein Gewinnstreben – im Zweifel auch auf Kosten anderer – keinen Schaden mehr anrichten können. Also die institutionelle Perfektionierung von Misstrauen.

Bezeichnend ist in diesem Zusammenhang der Vorgang um eine private Fachoberschule im bayerischen Schweinfurt, an der im letzten Jahr fast ein ganzer Jahrgang junger Menschen durch die Abiturprüfung fiel (25 von 27 Schülern). Was nun? Eltern und Schüler klagten auf Schadensersatz. Sie wollten das üppige Schulgeld zurück. Die jungen Leute klagten wegen der verlorenen Jahre. Die private Fachoberschule meldete derweil Konkurs an. Wo 25 von 27 Schülern die Abschlussprüfung nicht bestehen, mag dies ja Kontrolle genug sein. Nur hilft diese den der Schule anvertrauten Schülern nicht mehr. Wo ein Pflegeheim mehrfach schlecht benotet wird oder mit Skandalen auffällt, mag man argumentieren, dass die öffentliche Kontrolle ja in jedem einzelnen Fall in irgendeiner Weise funktioniert habe. Nur hilft das den Pflegebedürftigen nicht, die bereits Opfer skandalöser oder auch nur unzureichender Zustände geworden sind. Hier geht es eben nicht um ein Elektrogerät, das ich im Zweifel reklamieren kann, oder eine Handwerkerleistung, bei der ich auf Nachbesserung oder Entschädigung drängen kann.

Spätestens, wenn der Patient auf dem OP-Tisch liegt, der Zahnarzt den Bohrer ansetzt oder wenn der schwer pflegebedürftige Mensch einer Pflegeperson anvertraut wird, werden die Grenzen von Misstrauen, Regulativen und Kontrollen schlagartig bewusst. Spätestens dann wird klar, dass in Krankenhäusern, Arztpraxen, Schulen, Kindergärten oder Pflegeheimen letzten Endes immer Vertrauen in Integrität, Ethos, Fachlichkeit und sogar Altruismus an erster Stelle steht. Anstatt im Sozialen nur darüber nachzudenken, wie wir unsere Systeme des Misstrauens und der Kontrolle immer weiter verfeinern können und Heerscharen von Beamten und Experten dafür abstellen und bezahlen, wären wir besser beraten, uns mit der gleichen Intensität einmal darüber Gedanken zu machen, wie wir Systeme des Vertrauens stärken können. Wir kommen ohne ein klares und gelebtes Berufsethos im Sozialen nicht aus. Wir brauchen ethische Verpflichtungen, Regelwerke und Normen, die erst einmal von Vertrauen geprägt sind und den Missbrauch von Vertrauen im Zweifel knallhart abstrafen.

Ein solches auf Vertrauen und Freiräume aufbauendes System würde auch den tatsächlichen Konflikt offenbar werden lassen, um den es geht: den Kampf um Ressourcen. Die ständige Diskussion um immer mehr Effizienz, die das Soziale mittlerweile so sehr an die Wand gedrückt hat, und all die modernen Heilsversprecher, die angeblich alles immer noch billiger und zugleich besser können und jeden Preis noch unterbieten – sie haben in der Tat die Mär gepflegt, es sei durchaus genug Geld da im Sozialen. Nur werde es offenbar nicht optimal bewirtschaftet. Und dann folgt in der Regel das Zauberwort »Rationalisierungsreserven«. Mit dem Verweis auf diese vermeintlichen »Rationalisierungsreserven« werden seit Jahren die Mittel für eine ganz an der Würde des Menschen ausgerichtete soziale Arbeit politisch vorenthalten. Die Begründung ist äußerst praktisch für die Politik, da sie zugleich mit dem Vorwurf verbunden ist, im Sozialen würde noch immer nicht effizient genug gearbeitet. Bevor zusätzliches Geld bereitgestellt werden könne, müssten erst einmal die Hausaufgaben gemacht werden …

Das Soziale ist mit dieser Begründung immer sogleich in der Defensive und um den Nachweis bemüht, dass man doch beim besten Willen nichts mehr einsparen könne. Da auch die Politik sich geschickterweise keinesfalls die Mühe macht, den Nachweis für die von ihr ins Feld geführten »Rationalisierungsreserven« zu führen, ist es also vor allem ein taktisch-strategisches Argument, mit dem abgelenkt werden soll von der letztlich entscheidenden Verteilungsfrage. Wo im Winter Notschlafplätze für Obdachlose fehlen, wo im Pflegeheim nicht einmal eine Stunde am Tag für den pflegebedürftigen Menschen da ist, wo dreizehn Kinder in einer Kindergartengruppe sind und 25 Kinder in einer Grundschulklasse, da gibt es keine Rationalisierungsreserven. Und erst recht gibt es sie nicht, wenn viele Kommunen mittlerweile Jugendzentren, Bibliotheken und Schwimmbäder schließen müssen.

Ein auf Vertrauen und fachlichen Spielräumen beruhendes System, das darauf verzichtet, über Preiskonkurrenzspielchen, Ausschreibungswettbewerbe und »Effizienzmaßnahmen« am Ende doch nur Leistungskürzungen für die betroffenen Menschen zu kaschieren, würde direkt zur sozial- und verteilungspolitischen Gretchenfrage kommen: Was ist uns das Soziale wert? Wie viel Personal wollen wir im Sozialen finanzieren? Und wie wollen wir es bezahlen? Es ist die Auseinandersetzung über die im Grunde sehr schlichte Frage, um welche Menschen wir uns mit welchen Ressourcen kümmern wollen; was uns diese Menschen wert sind. Soll es damit sein Bewenden haben, für Obdachlose Notschlafstätten vorzuhalten und sie morgens wieder wegzuschicken? Oder wollen wir uns ihrer tatsächlich annehmen? Soll es alles sein, Kindern, die von Hartz IV leben müssen, 260 Euro im Monat und 10-Euro-Gutscheine für die Mitgliedschaft in einem Sportverein zu geben? Oder wollen wir uns wirklich um sie kümmern?

Wir müssen uns vor Augen halten, welche Ressourcen Deutschland zur Verfügung stehen. Deutschland ist, gemessen am Bruttoinlandsprodukt, das viertreichste Land auf dieser Erde. Eigentlich dürften wir kein Problem haben, Bildung und Erziehung, Pflege, Beschäftigung für Langzeitarbeitslose oder Hilfen in besonderen Notlagen wie Obdachlosigkeit ausreichend zu finanzieren. Doch gehen in Deutschland nun einmal Schuldenberge bei den öffentlichen Kassen mit immer größerem, ja gigantischem Reichtum auf den privaten Konten relativ weniger einher. Über zwei Billionen Euro Schulden haben Bund, Länder und Gemeinden mittlerweile angehäuft. In der Tat eine alarmierend klingende Zahl, die von interessierter Seite gern ins Feld geführt wird, um zu beweisen, dass schlicht kein Geld mehr da sei, um den sozialen Standard in Deutschland zu halten, geschweige denn diesen Sozialstaat auszubauen. Doch ist dies nur die halbe Wahrheit. Unterschlagen wird in aller Regel, dass diesen zwei Billionen an öffentlichen Schulden über fünf Billionen Euro Geldvermögen auf privaten Konten gegenüberstehen. Wohlgemerkt: kein Produktionskapital, keine Immobilien, Grundstücke, Wälder oder sonstiges, sondern Bareinlagen, Sparbriefe, Aktienpakete, Lebensversicherungen und ähnliches. Und unterschlagen wird in aller Regel, dass dieser immense Reichtum auf den Konten relativ weniger liegt: Den reichsten zehn Prozent in Deutschland gehören weit über die Hälfte des gesamten Vermögens in Deutschland. Den reichsten 30 Prozent gehören 90 Prozent, während die große Masse kaum etwas hat oder von der Hand in den Mund lebt.

Die Diskussion, um welche Menschen wir uns in Deutschland mit welchem Ressourcen kümmern wollen, kann nicht geführt werden, ohne diese Verteilungsrelationen und ohne die sich dahinter verbergenden Interessengegensätze zur

Kenntnis zu nehmen; theoretisch und analytisch ohnehin, aber auch ganz praktisch. Man wird niemanden und vor allem keinen Politiker treffen, der in einer öffentlichen Diskussion dem widersprechen würde, dass man mit 260 Euro Hartz-IV-Regelsatz kein Kind über den Monat bringen kann, dass wir dringend etwas tun müssen, um gerade Kindern aus einkommensarmen Haushalten gute Bildung zu ermöglichen, dass es ein Gebot der Menschlichkeit ist, Wohnungen und Notschlafstätten für Obdachlose vorzuhalten, dass wir etwas tun müssen für die Integration Langzeitarbeitsloser und für die Sprachförderung von Migranten. Keiner würde es wagen, öffentlich zu widersprechen, wenn wir beklagen, dass in vielen Kommunen aus finanziellen Gründen Bibliotheken geschlossen und Schwimmbadzeiten eingeschränkt werden, dass in Schulgebäuden die Heizungen erst nach sehr langer Zeit repariert werden, dass es in Turnhallen durch das Dach regnet und man es einfach hineinregnen lässt.

Solche Diskussionen verlaufen erfahrungsgemäß in bestem Einvernehmen. Eisig wird das Klima jedoch dann, sobald es um das Bezahlen geht; dann, wenn man vorrechnet, dass der soziale Investitionsbedarf in Deutschland in den nächsten Jahren schnell bei 50 Milliarden Euro und mehr liegt, will sich diese Gesellschaft human und sozial zeigen und sollen soziale Dienste und Einrichtungen vor Ort in halbwegs ordentlichem Zustand und mit ausreichend Personal zur Verfügung stehen. Meist ist dann sofort Schluss mit lustig. Es folgen Aggression, Ablenkungsmanöver und, wenn alles nichts hilft, die Klage über einen Staat, der ohnehin nicht mit Geld umgehen könne und dem man deshalb auch keines anvertrauen dürfe – siehe Berliner Flughafendesaster oder Hamburger Elbphilharmonie. Es kommen in der Not populistische Totschlagargumente zum Einsatz, die die Frage, wie es denn nun künftig gerichtet werden soll im Sozialen, bewusst ausblenden.

Was stattdessen zum Vorschein kommt, ist häufig nackter Verteilungskampf. Dieser wird von denjenigen, die dabei etwas zu verlieren hätten, umso erbitterter geführt, je evidenter die Notwendigkeit des Teilens in dieser Gesellschaft wird. Die Wucht, mit der auf selbst bescheidene Forderungen nach einer höheren Einkommensteuer für Spitzenverdiener, nach einer Vermögensteuer oder einer stärkeren Besteuerung sehr großer Erbschaften durch den organisierten Reichtum reagiert wird, macht deutlich: Hier wird um Besitzstände gekämpft. Mit fast sieben Millionen Euro Etat ist nach eigenen Angaben allein die von Arbeitgeberverbänden gegründete »Initiative Neue Soziale Marktwirtschaft« ausgestattet, die im Wesentlichen nichts anderes tut, als mit mal geschickten, mal eher geschmacklosen oder albernen Öffentlichkeits- und Lobbystrategien gegen alles zu Felde zu ziehen, was nach neoliberalistischer Auffassung »des Teufels ist«. (Im Wahljahr 2013 schickte die Initiative einem ausgewählten Personenkreis, zu dem ich mich seltsamerweise auch zählen durfte, kleine Voodoo-Puppen ins Haus. Diese konnte man mit Nadeln piksen, die Fähnchen trugen mit Aufschriften wie »Erbschaftsteuer«, »Vermögensteuer«, »Mindestlohn« oder »Zusatzrente«). Unterstützt wird diese Lobbytruppe durch das ebenfalls von Arbeitgeber- und Wirtschaftsverbänden finanzierte Institut der Deutschen Wirtschaft in Köln. Von hier erhält die Initiative die wissenschaftlichen Analysen und Informationen, die sie streuen kann.

Ruppig geht es gelegentlich in der Auseinandersetzung um Ressourcen und ihre Verteilung in dieser reichen Gesellschaft zu. Wer diesen Kämpfen jedoch ausweicht, der hat schon verloren – und mit ihm all die Menschen, die auf soziale Dienste in dieser Gesellschaft angewiesen sind.

Doch will ich zugestehen, dass es gar nicht so einfach ist, sich in die Schlacht zu werfen. Wer eine Lanze brechen will für den Menschen und gegen die Ökonomisierung des Sozialen, braucht wirklich Mut. Denn Rückenwind haben wir nicht. Gleichwohl müssen wir in die Offensive gehen und gegen den neoliberalen Zeitgeist antreten, soll das Soziale in Deutschland Zukunft haben und Menschlichkeit ihren festen Platz. Und da es sich um Zeitgeist handelt, helfen rationale Argumente nur begrenzt. Wir müssen darüber hinaus den Mut aufbringen, wieder unmodern zu sein und uns dazu zu bekennen: Ja, ich bin Gutmensch, und ich bin es aus Leidenschaft; ja, ich bin Bedenkenträger, und keiner wird mich davon abhalten, meine Bedenken vorzutragen; ja, ich bin unverbesserlicher Sozialromantiker, weil ich noch an das Gute im Menschen glaube und Visionen habe.

Wer gegen den ökonomistischen Mainstream Boden gutmachen will, muss auch angreifen und entlarven können: wo hohle Modernismen als Fachlichkeit ausgegeben werden sollen, wo Gehabe Substanz ersetzen soll, wo Ökonomie in Wirtschaftspopulismus abgleitet und »der Kaiser in Wirklichkeit doch gar nichts anhat«. Der neoliberale Mainstream ist vielfach irrational, und scheinbar objektive Argumente sind in Wahrheit interessengeleitet. Darauf müssen wir aufmerksam machen, genauso wie auf die enge Begrenztheit der Ökonomie und der ökonomistischen Erklärungsversuche unserer Gesellschaft. Wir müssen aufzeigen, wo mit Studien und Prognosen eigentlich nur im großen Stil geblufft wird (siehe die Jahresgutachten des Sachverständigenrats, Seite 59 ff.). Wir müssen aus einer vordergründigen, technisch-wissenschaftlichen wieder eine offene Wertediskussion machen. Unser Respekt gilt dem Menschen und nicht dem Geld, und das Messbare kann deshalb immer bestenfalls die halbe Wahrheit sein. Dem kalten Utilitarismus müssen wir einen eigenen Wertekodex von Solidarität, Menschlichkeit und Menschenwürde entgegensetzen. Und der lässt sich nicht vermessen und rechnet sich auch nicht.

Es geht darum, zielgerichtet mitzumischen im Kampf um Meinungsführerschaften und Meinungsmehrheiten, sich dem Ökonomismus entgegenzustellen, Konflikte auch auszuhalten und auszutragen. Dazu bedarf es Selbstbewusstsein in des Wortes doppelter Bedeutung. Die vielen Akteure im Sozialen müssen sich ihrer Werte und ihrer Rolle in dieser Gesellschaft gemeinsam neu bewusst werden. Nur dann können wir das Ruder noch herumreißen und den Irrweg, auf dem wir uns befinden, wieder verlassen. Nach jahrelangen, emsig geführten Debatten über Effizienz und nach so mancher irregeleiteter Diskussion über den vorhandenen oder nicht vorhandenen Mehrwert des Sozialen, ist es nun wieder höchste Zeit für eine echte Wertediskussion: Was soll das Soziale in Deutschland ausmachen? Was sind die Leitnormen der Arbeit in Kindergärten, Jugendclubs, sozialen Brennpunkten oder Pflegeheimen? Und, damit diese Wertediskussion tatsächlich eine gesellschaftlich relevante wird: Wie verhalten sich diese Leitnormen moralisch, aber auch praktisch zu einem Arbeitsalltag, der geprägt ist von zu knappen Ressourcen, zu wenig Zeit für die Menschen, von der Vergeldlichung, Verpreisung und Taylorisierung sozialen Tuns? Klar ist: Fragen der ethischen Grundlagen sozialer Arbeit müssen im Sozialen (wieder) mindestens den gleichen Rang einnehmen wie die der betriebswirtschaftlich effizienten Unternehmensführung. Im Mittelpunkt muss immer die Menschenwürde stehen: Was bedeutet Menschenwürde in einem Kindergarten, einem Pflegeheim, einer Schuldnerberatungsstelle oder einer Behindertenwerkstatt? Und werden wir mit unserer Arbeit der Würde der uns anvertrauten Personen wirklich gerecht?

Wir kommen im Sozialen nicht darum herum, uns auf die eigene Ethik, die eigene Fachlichkeit und spezifische Kompetenz zu besinnen – von der Aus- und Fortbildung des Personals über die Ausrichtung von Fachkongressen bis zur Personalpolitik in den Verbänden und sozialen Diensten. Vor allem in der Spitze, bei Vorständen und Geschäftsführungen, sind einschlägige Einsichten in soziale Arbeit, Erziehung oder Pflege ebenso von Bedeutung, wie vor allem Leitungspersonal über ein klares fachliches Ethos sozialer Arbeit verfügen und es auch vorleben muss. Kenntnisse in Betriebs- oder Volkswirtschaft allein reichen im Sozialen ebenso wenig aus wie eine Motivation, die nicht in erster Linie am Klienten ausgerichtet ist. Von jedem Diplompädagogen oder Sozialarbeiter, der in einem Sozialunternehmen oder einem Verband Leitungsverantwortung in der Spitze übernehmen will, wird erwartet, dass er in der Lage ist, Bilanzen zu lesen, dass er versteht, was in der Buchhaltung passiert, oder dass er Erfahrung mitbringt in Personalmanagement oder Organisation. Genauso muss aber auch jeder Betriebs- oder Volkswirt, der in der Wohlfahrtspflege in leitender Position tätig sein will, wissen, worum es in der sozialen Arbeit geht und was die Charakteristika von Erziehung, Pflege oder Beratung sind. Ökonomisch gesprochen: Er braucht vertiefte Kenntnis über das Produkt. Jeder Sozialarbeiter, jede Pflegekraft und jede Erzieherin haben ein Recht darauf, dass ihre Leitung nicht nur ganz oberflächlich weiß, was sie tun, sondern tatsächlich Kenntnis hat. Kein Automobilkonzern käme auf die Idee, in die Vorstandsetage Leute zu berufen, die nicht einmal einen Führerschein besitzen. In der Wohlfahrtspflege wurde und wird, um im Bild zu bleiben, von genau solchen Leuten gelegentlich das Heil erwartet.

Wenn wir die Menschlichkeit als höchstes Gut im Sozialen erhalten wollen, müssen wir den neoliberalen Ökonomismus entzaubern, wir müssen uns besinnen und streiten um gute, wertvolle soziale Arbeit. Was wir brauchen, ist eine Werterenaissance im Sozialen: mehr Mensch und mehr Werte statt Mehrwert. Deutschland ist nicht nur Wirtschaftsstandort. Deutschland ist vor allem Lebensstandort.

Anmerkungen

Vorwort: Worum es (mir) geht

1. David Graeber: *Debt – The first 5000 Years*, New York 2011, S. 335; Übersetzung des Autors ins Deutsche:»Alle Dinge, die wir als ewig betrachten, von denen wir annehmen, sie würden immer da sein – die Liebe unserer Mutter, wahre Freundschaft, Geselligkeit, Menschlichkeit, Zugehörigkeit, die Existenz des Kosmos –, braucht man nicht zu berechnen, und letzten Endes ist es auch nicht möglich: Sie beruhen auf Geben und Nehmen und sind deshalb vollkommen anderen Prinzipien unterworfen.«
2. David Graeber: *Schulden. Die ersten 5000 Jahre*, Stuttgart 2011
3. Immerhin und glücklicherweise reichen Prunksucht und Verschwendung in Wohlfahrt und Kirche offensichtlich noch zum Skandal. In der Bankerszene wären weder Maserati noch Koibecken öffentlich diskutiert worden – bestenfalls als Geschmacksfrage. Irgendwie, und das beruhigt mich dann doch, unterstellen die Menschen der Wohlfahrt und sogar den vielfach mit reichlich Kritik gesegneten Amtskirchen doch noch Gutes und nehmen sie auch in die Pflicht.
4. Die Beispiele sind berechnet anhand der Vergütungsvereinbarungen im Land Berlin.
5. GKV-Spitzenverband (Spitzenverband der gesetzlichen Kranken- und Pflegekassen): »Änderungen der Pflegetransparenzvereinbarung (stationär) ab 1. Januar 2014«; http://www.pflegenoten.de/wissenschaftliche_evaluation_und_weiterentwicklung/aenderungen_pvts_01_01_2014/aenderungen_pvts_01_01_1.jsp (Abfrage 4.2.2014)
6. Daten nach Statistischem Bundesamt: »Erwerbstätige nach Wirtschaftszweigen«; https://www-genesis.destatis.de/genesis/online/link/tabelleErgebnis/12211-0009 (Internetabfrage 21.4.2014)
7. Zum Vergleich: In der Finanz- und Versicherungswelt sind es gerade einmal 1,3 Millionen und auch im gesamten Gastgewerbe arbeiten »lediglich« 1,6 Millionen Menschen.
8. Als Klassiker dazu dürfte mittlerweile der von Walter Holstein und Marianne Meinhold 1973 unter dem Titel *Sozialarbeit unter kapitalistischen Produktionsbedingungen* (Frankfurt am Main) herausgegebene Sammelband gelten.
9. Fakt ist jedoch: Auch in seiner »rheinischen Variante« bleibt der Kapitalismus eine Wirtschaftsform, die zuverlässig Arbeitslosigkeit produ-

ziert, Armut hervorruft, auch Wohnungsnot und sogar Obdachlosigkeit. Der gigantische Reichtum, den diese Wirtschaftsform ermöglicht, geht immer auch mit der Ausgrenzung von Menschen einher, die von diesem Kuchen nichts abbekommen. Auf der anderen Seite lassen Reiche und Superreiche immer mehr des gemeinsam Erwirtschafteten auf ihre Konten fließen und machen es sich bereits in Parallelgesellschaften bequem. Dass unser Wirtschafts- und Rechtssystem bereits die Krönung menschlicher Zivilisation darstellt, darf daher getrost bezweifelt werden. Doch dem nachzugehen wäre ein weiteres Buch.

Der Weg in die Ökonomisierung

1. Genauso selbstverständlich erfüllte die Wohlfahrtspflege im Laufe der Geschichte allerdings immer auch staatliche Aufgaben und bediente die Interessen derer, die von jeweils bestehenden Verhältnissen profitierten. Selbstverständlich hatte beispielsweise die organisierte Armenfürsorge im Kaiserreich auch Ordnungsfunktion. Selbstverständlich war beispielsweise das Interesse des Staates an der Jugendpflege im Kaiserreich auf »vaterländische Gesinnung« und auf die Rekrutierung des Nachwuchses für die Kasernen gerichtet. Wen all diese Verquickungen der Wohlfahrtspflege interessieren, der kann auf eine Fülle einschlägiger Fachliteratur zurückgreifen.
2. Das Jugendwohlfahrtsgesetz löste das Reichsjugendwohlfahrtsgesetz aus den 1920er Jahren ab.
3. Dieser sogenannte »bedingte Vorrang« der freien Träger wurde bei der Verabschiedung des Jugendhilfegesetzes und des Bundessozialhilfegesetzes durchaus strittig diskutiert. Verschiedene Länder und Kommunen riefen sogar das Bundesverfassungsgericht an. Dieses bestätigte den bedingten Vorrang der freien Träger, stellte jedoch auch klar, dass die Jugendämter schließlich die Gesamtverantwortung in der Jugendhilfe trügen. Auch eine entsprechende Verfassungsbeschwerde, den Vorrang freier Träger im Bundessozialhilfegesetz betreffend, wurde zurückgewiesen.
4. Es war wohl die Hochphase jener Beziehung zwischen Staat und Wohlfahrtsverbänden, die Verbändeforscher gern als Korporatismus oder Neokorporatismus bezeichnen und die bereits mit der Förderung der Verbände durch den Preußischen Jugendpflegeerlass im Kaiserreich und der Verleihung des Titels »Reichsspitzenverbände« an die großen Wohlfahrtsverbände in der Weimarer Zeit seinen Anfang genommen hatte: eine sehr feste, privilegierte Beziehung nämlich zwischen Staat und Verbänden zum Vorteil beider. Für die Wohlfahrtspflege hatte insbesondere der Soziologe Rolf Heinze das theoretische Konzept des Korporatismus beziehungsweise Neokorporatismus fruchtbar gemacht: siehe R.G. Heinze: *Verbändepolitik und Neokorporatismus. Zur politischen Soziologie organisierter Interessen,* Opladen 1981, und R.G. Heinze mit Thomas Olk: »Die Wohlfahrtsverbände im System sozialer

Dienstleistungsproduktion. Zur Entstehung und Struktur bundesrepublikanischer Verbändewohlfahrt«, in: *Kölner Zeitschrift für Soziologie und Sozialpsychiatrie*, Jg. 33, Heft 1/1981, S. 94–114.

5. Bei der Heimkampagne handelte es sich um eine Protestbewegung von Jugendlichen in Heimen und Studenten gegen die repressiven Bedingungen in der bundesrepublikanischen Fürsorgeerziehung. Prominentestes Mitglied dieser Bewegung dürfte die spätere RAF-Terroristin Ulrike Meinhof gewesen sein. Der Fernsehfilm »Bambule«, für den Meinhof das Drehbuch geschrieben hatte, sollte ursprünglich im Mai 1970 ausgestrahlt werden, wurde dann jedoch kurzfristig abgesetzt. Das Drehbuch erschien dann 1991 als Taschenbuch unter dem Titel: *Bambule. Fürsorge – Sorge für wen?*, Berlin.

6. In den 1970er Jahren gingen vermehrt Jugendliche auf die Straße, die eigene, selbstverwaltete, autonome Jugendzentren ohne Aufsicht von Erwachsenen forderten – und sie nicht selten auch bekamen.

7. Keynes sah den Schlüssel für ein stabiles Wachstum und für Vollbeschäftigung in einer stabilen Nachfrage. Er bestritt allerdings grundsätzlich, dass der Markt von sich aus in der Lage wäre, eine solche stabile Nachfrage zu gewährleisten. Im Falle einer Flaute würden die Konsumenten genauso wie Investoren vielmehr dazu neigen, sich immer noch weiter zurückzuhalten. Das zur Verfügung stehende Geld werde nicht ausgegeben, sondern gespart. Dadurch würde sich die Flaute verstärken und sich schließlich zur handfesten Krise auswachsen. Die Konjunktur ginge zurück, die Arbeitslosigkeit nähme zu. Nach Keynes verstärken damit Verbraucher und Investoren die Abschwungtendenzen. Sie verhielten sich »prozyklisch« – womit der Staat als Korrektiv gefordert wäre. Die Logik: Wenn die wachsende Arbeitslosigkeit letztlich Ergebnis mangelnder Nachfrage ist, weil Verbraucher und Investoren sich zurückhalten, muss der Staat dafür sorgen, dass die Nachfragelücke wieder geschlossen wird. Er kann dazu in Infrastruktur investieren (von Straßen bis Schulen) oder er kann den Konsumenten über Steuererleichterungen oder Sozialtransfers mehr Geld an die Hand geben, in der Hoffnung, dass sie es auch wirklich ausgeben und damit Nachfrage schaffen. Aber auch im Aufschwung hat der Staat laut Keynes eine Korrektivfunktion. Führt der Aufschwung nämlich zu überbordenden Preissteigerungen und zur Inflation, hat er die Konsumenten und Investoren knapp zu halten, wenn nicht sogar steuerlich mehr zu belasten. Die staatliche Kreditaufnahme wird eingeschränkt und Teile der steuerlichen Einnahmen werden erst einmal nicht verausgabt, um erst im Bedarfsfall wieder eingesetzt zu werden. Der Staat hat sich nach Keynes immer antizyklisch zu verhalten, also dem allgemeinen Konjunkturverlauf entgegengesetzt. Im Boom, wenn inflationäre Tendenzen zu erwarten sind, wird die Nachfrage gedrosselt – und umgekehrt.

8. Akribisch aufgearbeitet finden wir die Entwicklung der wirtschaftspolitischen Ansätze und Maßnahmen zwischen 1967 bis Anfang der 1980er Jahre bei Klaus Schröder: *Der Weg in die Stagnation. Eine empirische Studie zur Konjunkturentwicklung und Konjunkturpolitik in der Bundesrepublik von 1967–1982*, Opladen 1984.

9. Als alternative Glaubensrichtung zu Keynes sehen die neoklassischen Wirtschaftstheorien den Schlüssel für einen stetigen Wirtschaftsverlauf nicht in der Nachfrage, sondern in den Angebotsbedingungen der Unternehmen. Normal sei, dass die Unternehmer investierten und die Wirtschaft damit am Laufen hielten. Tun sie dies nicht, müsse irgendwo auf der Angebotsseite eine Störung vorliegen, die es zu beseitigen gelte. Und Störungen gibt es, glaubt man den Angebotstheoretikern, ganz schnell ziemlich viele: zu hohe Steuern selbstverständlich, staatliche Subventionen, ein vermeintliches Übermaß an arbeitsmarkt- und wirtschaftspolitischen Regulierungen wie beispielsweise beim Kündigungsschutz oder beim Umweltschutz. Nach der Angebotstheorie führt all das am Ende immer zu steigenden Kosten, die kalkulierbare Rendite sinkt, der Unternehmer wird verunsichert und wenn es ganz schlecht läuft, verliert er die Lust oder kann nicht mehr. Notwendige Investitionen blieben dann aus, die Produktion stagniere oder gehe sogar zurück und die Arbeitslosigkeit steige. Die Therapie liegt nach diesem Wirtschaftsmodell auf der Hand: Staat und Gewerkschaften müssen sich zurückhalten und für Angebotsbedingungen sorgen, die vor allem und in erster Linie gute Renditen versprechen: zurückhaltende Lohnpolitik, Abbau der Staatsquote, Reduzierung der Sozialausgaben, Umschichtung von konsumtiven Staatsausgaben wie Sozialtransfers auf die Förderung von Produkt- und Verfahrensinnovation, Reduzierung der Abgabenlast für die Unternehmen, Abbau von Subventionen und staatlichen Regulierungen.

10. Interessant, wie die rot-grüne Bundesregierung Ende der 1990er und Anfang der Nullerjahre den Begriff der Grundsicherung usurpierte und dabei die dahinterliegenden Vorstellungen so weit schliff, bis sie sogar zur Agenda 2010 passten. Die Einführung der Grundsicherung für Arbeitssuchende, besser bekannt als Hartz IV, ging mit deutlichen Leistungsverschlechterungen gegenüber der Arbeitslosenhilfe und sogar der Sozialhilfe einher. Die Altersgrundsicherung, die 2003 eingeführt wurde, ist im Grunde nichts anderes als eine besser klingende Sozialhilfe, nur dass die Alten dadurch weniger in der Tasche hatten als zuvor.

11. Exemplarisch dafür die Denkschrift der Paritätischen Arbeitsgemeinschaft in der DDR/Paritätischer Wohlfahrtsverband-Gesamtverband mit dem Titel »Über das Soziale in der sozialen Marktwirtschaft – Denkschrift zum deutsch-deutschen Einigungsprozeß«, veröffentlicht als Sonderdruck der Zeitschrift *Blätter der Wohlfahrtspflege* im September 1990.

12. siehe Ulrich Schneider: *Solidarpakt gegen die Schwachen. Der Rückzug des Staates aus der Sozialpolitik,* München 1993

13. So auf der ConSozial 2006 in einem geradezu sinnfreien Vortrag unter dem Titel »Die Welt auf der Suche nach Führung«, in: J. König, Ch. Oerthel, H.-J. Puch (Hg.): *Mehrwert des Sozialen. Gewinn für die Gesellschaft,* ConSozial 2006, München 2007

14. AWD war berüchtigt wegen seiner sogenannten Direktvertriebsstruktur. Mangelhaft ausgebildete Vertreter werden auf ihren Freundes- und Bekanntenkreis losgelassen, um gegen Provision Finanzprodukte zu verkaufen. Manch einer verlor damit sein Erspartes.

15. »Gary Becker, der ökonomische Imperialist«, von Bert Losse, *Wirtschafts-woche* 14.2.2012; http://www.wiwo.de/politik/konjunktur/gary-becker-der-oekonomische-imperialist/6475968.html (Abfrage 3.3.2014)

16. Einen wirklich guten Einblick in diese Denkweise verschafft der bereits 1983 vom Präsidenten des Instituts für Weltwirtschaft Herbert Giersch herausgegebene Sammelband *Wie es zu schaffen ist. Agenda für die deutsche Wirtschaftspolitik* (Stuttgart). Ein schönes Beispiel für die ökonomistische Küchenpsychologie liefert auch der »Forschungsbericht« des arbeitgebernahen Instituts der deutschen Wirtschaft: Dominik H. Enste/Detlef Fechtenhauer/Ilona Riesen: *Sozialstaatsfallen, Erwerbsanreize und soziale Mobilität. Eine ökonomische, soziologische und sozialpsychologische Analyse*, Forschungsberichte aus dem Institut der Deutschen Wirtschaft Köln, Nr. 42, Köln 2008

17. vom lateinischen »tu« = »du«

18. Die Bezeichnung »Pawlowscher Hund« geht auf den russischen Physiologen und Verhaltensforscher Iwan Petrowitsch Pawlow zurück, der in den 1920er Jahren mit seinem Hund Experimente zu sehr einfachen Reiz-Reaktionsmustern durchführte und damit zu einem Urvater der Verhaltensforschung wurde.

19. Hinzu kam aus volkswirtschaftlicher Sicht, dass die überaus starke Exportabhängigkeit der deutschen Volkswirtschaft und damit deutscher Arbeitsplätze bei einer jeden Bundesregierung die Angebotsbedingungen bzw. Renditeerwartungen deutscher Unternehmen quasi automatisch in den Fokus der Wirtschaftspolitik rückte.

20. 2007 bezeichnete der Schauspieler Manfred Krug in der *FAZ* vom 31. Januar diesen Werbespot als den größten beruflichen Fehler seines Lebens und entschuldigte sich förmlich »bei allen Mitmenschen, die eine von mir empfohlene Aktie gekauft haben und enttäuscht worden sind«.

21. Es handelte sich um das Investment-Unternehmen Apax.

22. Bezeichnend sind die heutigen Bestrebungen wie etwa in Berlin, Hamburg und Stuttgart, ihre ehemaligen Stadtwerke wieder zurückzukaufen. So ist das mit Moden ...

23. Und damit dabei auch alles seinen korporatistischen Gang geht, wurden und werden bei je einem der auserwählten unabhängigen Sachverständigen Wirtschaftsvertreter und Gewerkschaften gefragt.

24. »Jahresgutachten 1975 des Sachverständigenrates zur Begutachtung der gesamtwirtschaftlichen Entwicklung«, Bundestagsdrucksache 7/4326 vom 24.11.1975, S. 127

25. »Alle sozialpolitischen Regelungen, gleichviel, ob sie im Einzelnen gut oder schlecht begründet sind, schaffen Regelkreisstörungen, sobald sie die Selbstverantwortung des Einzelnen aushöhlen.« Eine Sozialpolitik, die »gar nicht anreizschädigend ist«, sei ohnehin nicht denkbar. Doch der »Respekt vor Menschenwürde und Kosten der Kontrolle lassen es nicht zu, jeden Missbrauch zu verhindern, im sozialpolitischen Bereich ebenso wenig wie im steuerlichen. Aber es ist nötig und angesichts der Kumulation von Angebotsstörungen vermutlich sogar unumgänglich, solche Störungen abzubauen.« (»Jahresgutachten 1981/1982 des Sachverständigenrates zur Begutachtung der gesamtwirtschaftlichen Entwicklung«, Bundestagsdrucksache 9/1061 vom 20.11.1981, S. 142)

26. »Jahresgutachten 1993/1994 des Sachverständigenrates zur Begutachtung der gesamtwirtschaftlichen Entwicklung«, Bundestagsdrucksache 12/6170 vom 15.11.1993, S. 1991, Ziff. 249
27. »Jahresgutachten 1995/1996 des Sachverständigenrates zur Begutachtung der gesamtwirtschaftlichen Entwicklung«, Bundestagsdrucksache 13/3016 vom 15.11.1995, S. 170, Ziff. 250
28. »Jahresgutachten 1996/1997 des Sachverständigenrates zur Begutachtung der gesamtwirtschaftlichen Entwicklung«, Bundestagsdrucksache 13/6200 vom 18.11.1996, S. 173, Ziff. 233
29. »Jahresgutachten 1997/1998 des Sachverständigenrates zur Begutachtung der gesamtwirtschaftlichen Entwicklung«, Bundestagsdrucksache 13/9090 vom 18.11.1997, S. 169, Ziff. 283
30. »Jahresgutachten 1998/1999 des Sachverständigenrates zur Begutachtung der gesamtwirtschaftlichen Entwicklung«, Bundestagsdrucksache 14/73 vom 20.11.1998, S. 160, Ziff. 244
31. »Jahresgutachten 1999/2000 des Sachverständigenrates zur Begutachtung der gesamtwirtschaftlichen Entwicklung«, Bundestagsdrucksache 14/2223 vom 26.11.1999, S. 129, Ziff. 222
32. »Jahresgutachten 2000/2001 des Sachverständigenrates zur Begutachtung der gesamtwirtschaftlichen Entwicklung«, Bundestagsdrucksache 14/4792 vom 29.11.2000, S. 170, Ziff. 304
33. Sachverständigenrat zur Begutachtung der gesamtwirtschaftlichen Entwicklung: »Jahresgutachten 2001/2002«, Stuttgart 2001, S. 176, Ziff. 286
34. Sachverständigenrat zur Begutachtung der gesamtwirtschaftlichen Entwicklung: »Jahresgutachten 2005/2006«, Stuttgart 2005, S. 99, Ziff. 157
35. Sachverständigenrat zur Begutachtung der gesamtwirtschaftlichen Entwicklung: »Jahresgutachten 2006/2007«, Stuttgart 2006, S. 96, Ziff. 127
36. Sachverständigenrat zur Begutachtung der gesamtwirtschaftlichen Entwicklung: »Jahresgutachten 2007/2008«, Stuttgart 2007, S. 76, Ziff. 112
37. Sachverständigenrat zur Begutachtung der gesamtwirtschaftlichen Entwicklung: »Jahresgutachten 2009/2010«, Stuttgart 2009, S. 58, Ziff. 90
38. *Superillu* vom 18.11.2008: »Struck schließt Zusammenarbeit mit der Linkspartei nicht generell aus«; www.superillu.de/aktuell/Peter_Struck_893607.html (Abfrage 5/2010)
39. Anselm Waldermann: »Warum die Ökonomen so oft daneben liegen«, *Spiegel Online* vom 25.3.2009, www.spiegel.de/wirtschaft/0,1518,615 301,00.html (Abfrage 6/2014)
40. Siehe *die tageszeitung* vom 22.12.2008
41. Sachverständigenrat zur Begutachtung der gesamtwirtschaftlichen Entwicklung: »Jahresgutachten 2011/2012«, Stuttgart 2011, S. 100, Ziff. 122
42. ebd.

Die Ökonomisierung des Sozialen

1. Nicht nur in der Pflegeversicherung, auch im Sozialhilfegesetz war der Vorrang des gemeinnützigen Sektors bis Ende des Jahrzehntes mit verschiedenen Gesetzesänderungen praktisch »erledigt«.

2. Die plötzlich neu auftauchende Konkurrenz hat dabei hier und da übrigens durchaus – das soll gar nicht verschwiegen werden – auch Segensreiches für die Pflegebedürftigen bewirkt. So gab es bis dahin etwa Pflegedienste, die ab freitags 17 Uhr einfach nicht mehr zu erreichen waren und Ähnliches mehr.

3. Erst nach der letzten Pflegereform von 2013 hat der pflegebedürftige Mensch wieder die Möglichkeit, auch Zeitkontingente »einzukaufen«, wenn er es wünscht; Stundenlohn statt Festpreis sozusagen.

4. Vgl. Entscheidung des Bundessozialgerichts vom 29. Januar 2009: B 3 P 7/08 R, Nr. 5

5. Vgl. Der Paritätische Gesamtverband 2014: *Modellrechnungen zur Unterfinanzierung der ambulanten Pflege in der Sozialen Pflegeversicherung 1998 bis 2013*, Berlin 2014

6. Offener Brief der Saarländischen Pflegegesellschaft vom 29. Oktober 2010, siehe http://www.saarlaendische-pflegegesellschaft.de/assets/files/Stellungnahmen/2010-10-29_Offener_Brief_Vertragspartner_Pflegetransparenzvereinbarung.pdf (Internetabfrage vom 22.4.2014)

7. Zur Kritik an der Kritik vergleiche ausführlich: Ulrich Schneider: »»Weil nicht sein kann, was nicht sein darf ...‹ Aus gegebenem Anlass: Eine methodenkritische Auseinandersetzung mit der Kritik an der freien Wohlfahrtspflege«, in: *Blätter der Wohlfahrtspflege* 7/8/96, S. 212 ff.

8. Dirk Meyer: »Das teure Wohlfahrtskartell«, in: *Frankfurter Allgemeine Zeitung* vom 30.12.1995

9. Vgl. Ulrich Schneider: »Gegen eine vereinfachende Kritik an der freien Wohlfahrtspflege – soziale Arbeit führt den freien Markt an seine Grenzen«, in: *Nachrichtendienst des Deutschen Vereins*, Heft 5/1996, S. 156 ff.

10. Vgl. *Tagesspiegel online*: »Treberhilfe verkauft Villa am See an ihren Chef«, siehe http://www.tagesspiegel.de/berlin/fuer-895-000-euro-treberhilfe-verkauft-villa-am-see-an-ihren-ex-chef-/5960548.html (Internetabfrage vom 22.4.2014)

11. *Spiegel Online* vom 10. April 2010: »Luxusleben des Treberhilfe-Chefs: 5000 Euro für Jacobsmuscheln und Hummer«, siehe http://www.spiegel.de/panorama/gesellschaft/luxusleben-des-treberhilfe-chefs-5000-euro-fuer-jacobsmuscheln-und-hummer-a-688268.html (Internetabfrage vom 22.4.2014)

12. *Tagesspiegel* vom 22. Dezember 2008: »Hol schon mal den Maserati«, von Thomas Loy

13. *Die Zeit* vom 5. Juli 2010: »Der König der unteren Zehntausend«, von Henning Sußebach

14. *Tagesspiegel* vom 28. Mai 2011: »Senat kündigt der Treberhilfe alle Verträge fristlos«, von Ralf Schönball

15. *Tagesspiegel* vom 22. Dezember 2008, siehe http://www.tagesspiegel. de/wirtschaft/berliner-wirtschaft/berliner-unternehmer-hol-schon-mal-den-maserati/1402074.html (Internetabfrage vom 16. Juni 2014)
16. Ebd.
17. Bezeichnend für Modernismen: Mittlerweile hat man sich besonnen und die Streichung in einer weiteren Satzungsänderung wieder rückgängig gemacht.
18. Etwa Klaus Mollenhauer (»Erziehung und Emanzipation. Polemische Skizzen«, München 1968) oder Hermann Giesecke (»Offensive Sozialpädagogik«, Göttingen 1973)
19. Manche sagen heute auch »des Ermächtigens« oder »des Befähigens«. Liebhaber von Anglizismen sprechen auch gern von »Empowerment«.
20. Niemand hatte das besser begriffen als Arbeitsministerin Ursula von der Leyen, als sie sich 2010 redlich bemühte, im allgemeinen Sprachgebrauch »Hartz IV« mit dem Wort »Basisgeld« zu verdrängen, womit sie allerdings scheiterte.
21. Als Klassiker gelten Pestalozzis »Volksroman« »Lienhard und Gertrud« (1781–1787) und sein »Stanser Brief« von 1799 zu pädagogischen Grundsätzen der Heimerziehung.
22. Eine wichtige Sammlung von Vorträgen Herman Nohls wurde 1927 unter dem Titel »Jugendwohlfahrt« veröffentlicht. 1935 erschien sein wichtiges Werk »Die pädagogische Bewegung in Deutschland und ihre Theorie«.
23. Siehe »Die historischen und sozialen Voraussetzungen der Sozialpädagogik und die Entwicklung ihrer Theorie«, veröffentlicht in dem 1929 erschienenen und von Herman Nohl und Ludwig Pallat herausgegebenen Werk »Sozialpädagogik. Handbuch der Pädagogik«, Bd. 5
24. Er prägte u.a. die »lebensweltorientierte Sozialpädagogik«; siehe dazu sein 1992 erschienenes Buch »Lebensweltorientierte soziale Arbeit. Aufgaben der Praxis im sozialen Wandel«.
25. Standardwerk zusammen mit Erwin Jordan: »Kinder- und Jugendhilfe. Einführung in die Geschichte und Handlungsfelder, Organisationsformen und gesellschaftliche Problemlagen«, Erstauflage 1988
26. Der ärztliche Eid des Hippokrates (benannt nach dem griechischen Arzt Hippokrates von Kos) rührt bereits aus dem 4. Jahrhundert vor Christus. Mit dem sogenannten »Genfer Gelöbnis« (oder »Genfer Deklaration«) des Weltärztebundes von 1948 (2006 zuletzt revidiert) knüpften die Ärzte in zeitgemäßer Form an diesen Eid an. Es ist schon sehr beachtlich, dass der Ärztestand es über Jahrtausende vermochte, feierlich seine Ethik nach außen zu kehren, seine Besonderheit herauszustellen und dabei gleichzeitig seine wirtschaftlichen Interessen ganz und gar nicht zu vernachlässigen.
27. Nur Monate später folgten damals weitere Eingriffe bei Arbeitslosengeld und Arbeitslosenhilfe, beim Erziehungsgeld und beim Unterhaltsgeld. Tief wurde damals bereits in die Sozialhilfe hineingeschnitten. Das Prinzip, wenigstens immer einen wie auch immer gearteten Mindestbedarf abzudecken, wurde durch willkürliche Deckelungen der Sozialhilfesätze und sogar Kürzungen faktisch außer Kraft gesetzt. Bereits damals warnten daher aufmerksame Wissenschaftler öffentlich davor, den »sozialen Grundkonsens in Deutschland« in Frage zu stel-

len. Vgl. die Stellungnahme des renommierten Professorenzusammenschlusses »Arbeitsgruppe Armut und Unterversorgung« in der *Frankfurter Rundschau* vom 27. Mai 1993 mit dem Titel: »Ein radikaler Umbau des deutschen Sozialleistungssystems. Die Regierung stellt den sozialen Grundkonsens in Frage«

28. Vgl. Ulrich Schneider: *Solidarpakt gegen die Schwachen – Der Rückzug des Staates aus der Sozialpolitik*, München 1993, S. 7 ff
29. Vgl. »Kienbaum-Berater nannten Maserati-Luxuswagen und Topgehalt für Treberhilfe-Geschäftsführer angemessen«, *Spiegel Online* vom 27.3.2010, http://www.spiegel.de/spiegel/vorab/a-685973.html (Internetabfrage vom 21.5.2014)
30. Vgl. Pressemitteilung vom 16.2.2010, http://www.dailynet.de/BusinessIndustrie/65765.php (Internetabfrage vom 23.4.2014)
31. Siehe *Handelsblatt* vom 9.2.2010: »Eine Formel für Profitabilität«, von Claudia Schumacher, siehe http://www.handelsblatt.com/politik/konjunktur/nachrichten/non-profit-organisationen-eine-formel-fuer-profitabilitaet/3365474.html (Internetabfrage vom 24.2.2014)
32. Ebd.
33. Die Hilfen für langzeitarbeitslose Menschen waren sicherlich an vielen Punkten diskussionswürdig. Die sogenannten Ein-Euro-Jobs standen ohnehin von Anfang an in der Kritik. Insgesamt war das gesamte System der Maßnahmen viel zu starr, zu reglementiert, zu stark befristet, zu sehr »von der Stange«, um im Einzelfall passen zu können. Auch waren die Beschäftigungsmaßnahmen zu weit vom wirklichen Arbeitsmarkt und von angemessener Entlohnung entfernt. Doch ist dies ein anderes Kapitel.
34. Statistik der Bundesagentur für Arbeit: *Jahreszahlen zu Teilnehmern in arbeitsmarktpolitischen Instrumenten*, Nürnberg, April 2014
35. Paritätischer Gesamtverband: *Tiefgreifende Einschnitte bei der Förderung von Langzeitarbeitslosen*

Mensch versus Mehrwert

1. Um kein Missverständnis aufkommen zu lassen: Ich spreche hier vom System, keinesfalls von den selbstverständlich vorhandenen Gefühlen derer, die die Arbeit tun.
2. Bundesrechnungshof: »Mitteilung an die Bundesagentur für Arbeit über die Prüfung der Steuerung der Zielerreichung in den strategischen Geschäftsfeldern I und V«, Gz.: VI 3 – 2011 – 0116 Bonn, 7. November 2012; siehe auch *Spiegel Online* vom 23.6.2013: »Arbeitsagentur manipuliert Vermittlungsstatistik«; http://www.spiegel.de/wirtschaft/soziales/arbeitsagentur-manipuliert-laut-rechnungshof-vermittlungs-statistik-a-907356.html (Internetabfrage vom 22.4.2014)
3. Bundesrechnungshof 2012, a.a.O., S. 54
4. Ebd.
5. Zitate nach *Spiegel Online* vom 7.7.2013: »Bericht der Innenrevision

setzt Spitze der Bundesagentur für Arbeit weiter unter Druck«, siehe http://www.spiegel.de/spiegel/vorab/innenrevision-setzt-bundes-agentur-fuer-arbeit-weiter-unter-druck-a-909771.html (Internetabfrage 2.4.2014)

6. PISA steht für »Programme for International Student Assessment« der Organisation für wirtschaftliche Zusammenarbeit und Entwicklung (OECD). Es ist der weltweit größte Schülervergleichstest, in dem alle drei Jahre rund 510 000 15- und 16-jährige Schülerinnen und Schüler in 65 Ländern getestet werden. Dabei geht um Lesen und Textverständnis, Naturwissenschaften und Mathematik.

7. Nachzulesen in der *Wirtschaftswoche* vom 3.12.1013: »Pisa 2012. Die Länder mit den glücklichsten Schülern«, siehe http://www.wiwo.de/erfolg/campus-mba/pisa-2012-die-laender-mit-den-gluecklichsten-schuelern/9162840.html?slp=true&p=11&a=false#image (Internetabfrage vom 30.4.2014)

8. »Suicide rate soars to put Korea at top of OECD«, in *JoongAng Daily* vom 22.3.2010, siehe http://wayback.archive.org/web/20100401082813/http://joongangdaily.joins.com/article/view.asp?aid=2918314 (Internetabfrage vom 30.4.2014)

9. http://www.phineo.org/phineo/organe-der-phineo-gag (Internetabfrage vom 16.4.2014)

10. http://www.aktive-buergerschaft.de/aktive_buergerschaft#.U06n7RDW5Q0 (Internetabfrage vom 16.4.2014)

11. http://www.stifterverband.info/ueber_den_stifterverband/organisation_und_gremien/vorstand/index.html (Internetabfrage vom 16.4.2014)

12. Vgl. Phineo: *Engagement mit Wirkung*, März 2012, S. 6

13. Ebd.

14. Phineo: *Universal-Wörterbuch Social. Social-Deutsch, Deutsch-Social*, Berlin, S. 9

15. http://www.phineo.org/phineo/analysemethode (Internetabfrage vom 7.4.2014)

224 Seiten
ISBN 978-3-86489-053-6
€ 17,99

»Pflichtlektüre für Denker«
Frankfurter Rundschau

»Unvorstellbare Zahlen«
Der Freitag

»Ein extrem wichtiges Buch«
NDR Info

»Jens Berger könnte mit seinem neuen Buch locker für ebenso viel Aufregung sorgen wie der Ökonom Thomas Piketty«
Nürnberger Nachrichten